GÜTERSLOHER
VERLAGSHAUS

Gütersloher Verlagshaus. Dem Leben vertrauen

Der Autor:

Jörg Schmitt-Kilian, geboren 1953, Kriminalhauptkommissar und ehemaliger Rauschgiftfahnder, arbeitet schwerpunktmäßig in der Drogen- und Gewaltprävention mit Veranstaltungen, Schulungen und Lesungen. Neben erfolgreichen Büchern zu diesen Themen schrieb er ein Rock-Musical sowie die Vorlagen für den TV-Film JENNY und den Kinofilm LAUF UM DEIN LEBEN (mit Uwe Ochsenknecht) nach seinem Bestseller VOM JUNKIE ZUM IRONMAN über die unglaubliche Lebensgeschichte des Weltspitzetriathleten Andreas Niedrig.
www.schmitt-kilian.de

Jörg Schmitt-Kilian

„Ich mach euch fertig!"

Praxisbuch Gewaltprävention

Gütersloher Verlagshaus

Bibliografische Information der Deutschen Nationalbibliothek

Die Deutsche Nationalbibliothek verzeichnet diese Publikation in der Deutschen Nationalbibliografie; detaillierte bibliografische Daten sind im Internet über http://dnb.d-nb.de abrufbar.

Verlagsgruppe Random House FSC-DEU-0100
Das FSC-zertifizierte Papier *Munken Premium* für dieses Buch liefert Arctic Paper Munkedals AB, Schweden.

1. Auflage
Copyright © 2010 by Gütersloher Verlagshaus, Gütersloh,
in der Verlagsgruppe Random House GmbH, München

Dieses Werk einschließlich aller seiner Teile ist urheberrechtlich geschützt. Jede Verwertung außerhalb der engen Grenzen des Urheberrechtsgesetzes ist ohne Zustimmung des Verlages unzulässig und strafbar. Das gilt insbesondere für Vervielfältigungen, Übersetzungen, Mikroverfilmungen und die Einspeicherung und Verarbeitung in elektronischen Systemen.

Satz: Satz!zeichen, Landesbergen
Druck und Einband: Těšínská tiskárna, a.s., Český Těšín
Printed in Czech Republic
ISBN 978-3-579-06766-7

www.gtvh.de

Inhalt

Vorwort 7

Wie Sie dieses Buch nutzen können 10

KAPITEL I: Denn wir wissen nicht, was sie tun 13
1. Schauen wir genau hin! 17
   Fallbeispiel 1: Eine Tote meldet sich zu Wort 17
   Fallbeispiel 2: Echt fett im Internet! 18
   Fallbeispiel 3: War doch nur Spaß! 19
2. Von Ausgrenzen bis Zuschlagen 23
3. »Den Bullen machen wir fertig!« 25

KAPITEL II: Informieren statt verschweigen 29
1. Erfurt ist überall 30
2. Täterschutz statt Opferhilfe? 33
3. Jugendgewalt: Daten, Fakten und Tendenzen 37
4. Gewalt hat viele Ursachen 40
5. Gewalt ist (nicht nur) männlich 42
   Fallbeispiel 4: Gregor 42
   Fallbeispiel 5: Tanja 43
6. »School Shootings« im Fokus 46

KAPITEL III: Verstehen statt verdrängen 49
1. Ist die Jugend von heute wirklich schlecht(er)? 50
2. Haben Jugendliche ein Bedürfnis nach Gewalt? –
   Aggressives Verhalten, Erklärungen (nach Stefan Werner) .. 53
3. Umgang mit Aggressionen und
   aggressivem Verhalten (nach Stefan Werner) 61

KAPITEL IV: Hinschauen statt wegsehen 65

1. Das Krisenteam zwischen Hilfestellung
   und Sanktionierung 66
2. Früherkennungssignale bei »Auffälligen« 70

KAPITEL V: Handeln statt resignieren 79

1. Gregors Geheimnis 82
2. O-Töne: Wie Schüler Gewalt erleben 92
3. Bin ich Opfer oder Täter? Gewaltbarometer 100
4. »Weißt du eigentlich, was ich fühle?« 104
   Fallbeispiel 6: Robert 111
   Fallbeispiel 7: Jakob 112
5. »Ich will, dass du dich für mich interessierst!« 117
6. Was Sie als Eltern tun können 119
7. »Wer nichts tut, macht mit« (Praxis-Initiativen) 123
8. Das Anti-Aggressivitäts-Training® 130
9. LebensKompetenzTraining 136

ANHANG 138

1. Begriffserklärungen Jugendsprache 138
2. Schülerfragebogen 145
3. Betrifft: MICH (Denkzettel für Eltern) 147
4. Programm Polizeiliche Kriminalprävention 150
5. Gewaltvideos auf Schülerhandys 151
6. »Gewalt macht Schule« (Medienprojekt Wuppertal) 155
7. Literatur und Quellen 159

Dank 160

Vorwort

Die Gewalt unter Kindern und Jugendlichen sowie die steigende Gewaltbereitschaft junger Menschen gegenüber Erwachsenen standen nach dem Amoklauf von Gregor R. im Gymnasium Anspach und dem tödlichen Angriff von zwei jungen Männern auf Dominik Brunner an der S-Bahn-Station in München erneut im Fokus der Medienberichterstattung.
Jugendliche Gewalttaten werden zunehmend mit einer unvorstellbaren Brutalität begangen, und nicht selten werden die Opfer schwer verletzt und manchmal sogar getötet.
Aber nicht nur Amokläufe, sondern auch andere schwere Gewalttaten lösen in der Öffentlichkeit immer wieder Entsetzen aus. Mit jeder (oft »künstlich dramatisierten«) Berichterstattung steigt die »German Angst«. In zahlreichen Diskussionen und Studien versuchen Experten, das Phänomen zu beleuchten und Erklärungsansätze zu finden. Dabei taucht immer wieder die Frage auf, ob die tragischen Einzelfälle nicht ein verzerrtes Bild auf die Gesamtsituation werfen.

- Ist die Jugend wirklich gewalttätiger als früher?
- Verdrängen wir bei der Betrachtung von dramatischen Ereignissen die Tatsache, dass die meisten schweren Gewalttaten (mit Ausnahme des Amoklaufs) von jugendlichen Intensivtätern begangen werden?
- Wie reagieren wir auf die »alltägliche« Gewalt?
- Was ist noch »normal«, und wo ziehen wir die Grenze zur zielgerichteten »schweren« Gewalt?
- Wie konsequent handeln wir, wenn Jugendliche Gewalt ausüben?

Mit dem *Praxisbuch Gewaltprävention* möchten das Gütersloher Verlagshaus und ich engagierten Lehrerinnen und Lehrern, besorgten Müttern und Vätern sowie allen Bezugspersonen junger Menschen Orientierungshilfen vermitteln, wie wir präventive

Maßnahmen umsetzen und durch rechtzeitiges Erkennen einer sich anbahnenden Krisensituation zeitnah und konsequent reagieren können.

Bezugspersonen von jungen Menschen stoßen immer wieder an ihre Grenzen, wenn die von Michael Winterhoff in seinen Bestsellern beschriebenen »kleinen Tyrannen« größer werden.

Viele Erwachsene wissen oft nicht, wie sie auf Provokationen, aggressives Verhalten und gewalttätige Handlungen der Jugendlichen reagieren sollen. Wenn junge Menschen »über die Stränge schlagen«, wird entweder weggeschaut oder übertrieben reagiert. Die einen ignorieren Warnsignale, andere wiederum reagieren in einem der Situation unangemessenen Rahmen, oder erkennbare Warnsignale werden als »harmlos« eingestuft. Bei Konfliktsituationen macht sich in Elternhäusern, Schulen und Jugendverbänden oft eine gewisse Hilflosigkeit breit.

»Natürlich will man einen Schüler nicht wegen eines blöden Spruchs diffamieren«, war die Entschuldigung einer Lehrerin: Sie hatte die konkrete Amokdrohung eines Schülers gegenüber zwei Mitschülerinnen »überhört«. Erst als sich die Mädchen den Eltern anvertrauten, wurde die Polizei informiert.

Wenn wir zeitnah und konsequent reagieren, können wir dem »Sprücheklopfer« Hilfe anbieten und vielleicht sogar Schlimmeres verhindern. Fachdisziplinen können bei der (rechtzeitigen) Betrachtung des Einzelfalls Rückschlüsse ziehen, ob und wie weit sich ein Schüler auf dem Weg zur Gewalt befindet.

Wie aber können wir das Einpendeln zwischen Wegschauen und Ausrasten erreichen und angemessen reagieren?

Aktuelle Fakten, strategisches Basiswissen aus neuen Studien und Erfahrungen in Projekten mit jungen Menschen liefern wichtige Hintergrundinformationen für die Umsetzung präventiver Angebote, für das rechtzeitige Erkennen zielgerichteter Gewalthandlungen und für zeitnahes Handeln in konkreten Krisensituationen.

Dieses Buch zeigt keine psychologischen Hintergründe der Entstehung von Gewalt auf und kann auch kein Patentrezept liefern. Jedoch können die Ergebnisse verschiedener Untersuchungen und die in der Praxis gewonnenen Erkenntnisse Lehrern und Eltern wichtige Anregungen für den alltäglichen Umgang mit jungen Menschen vermitteln.

Ich hoffe, dass Sie in diesem Buch Antworten und Anregungen finden, wie wir koordinierte und kontinuierliche Präventionsarbeit leisten und in Krisensituationen konsequenter als bisher reagieren können.

Jörg Schmitt-Kilian, im Februar 2010

Wie Sie dieses Buch nutzen können

Das *Praxisbuch Gewaltprävention* will Lehrern, Eltern und allen Erziehern Orientierungshilfen vermitteln, wie wir »Auffällige« und Krisensituationen (es muss nicht immer ein Amoklauf sein!) erkennen und konsequent handeln. »Ich mach euch fertig!« versucht, die im (schulischen) Alltag am häufigsten gestellten Fragen zu beantworten:

- Wie finden wir einen Zugang zu den Denkmustern, Grundhaltungen und Gefühlswelten junger Menschen?
- Mit welchen Methoden können Jugendliche in die Rolle eines Opfers »schlüpfen«?
- Wie können wir Gewalt in der Schule auf ein erträgliches Maß zurückschrauben und auffälligen Schülern Hilfe anbieten?
- Was wünschen sich Jugendliche von Eltern, Lehrkräften und anderen Bezugspersonen?
- Wie können wir die Kultur des Hinschauens fördern, ohne zu stigmatisieren und durch zeitnahes und konsequentes Handeln Schlimmeres verhindern?

Zur besseren Lesbarkeit benutze ich meistens nur die männliche Bezeichnung. »Auffälliger« steht als Synonym für Jugendliche, die Probleme haben und bei denen die Gefahr besteht, dass sie irgendwann »explodieren«. In der Jugendsprache hat das Wort »Opfer« einen festen Platz eingenommen, wenn jemand ausgegrenzt, gehänselt oder auf andere Weise seelisch und körperlich verletzt wird. Oft wird auch die Bezeichnung EMO* entgegen seiner ursprünglichen Bedeutung gebraucht.

Die Kapitel in dem Buch sind in sich abgeschlossen, sodass Sie je nach Interessenlage gezielt nachlesen können.

Das 1. Kapitel: ***Denn wir wissen nicht, was sie tun …*** ist der Einstieg in ein bewegendes Thema mit drei aktuellen Fallbeispielen. Ich skizziere kurz die unterschiedlichen Formen der Gewalt an Schulen und beschreibe eine Situation, in der Schüler einer Klasse mich gezielt »fertigmachen« wollten.

In Kapitel 2: *Informieren statt verschweigen* lasse ich medienwirksame Amokläufe der letzten zehn Jahre Revue passieren, werfe einen Blick auf Daten, Fakten und Tendenzen der allgemeinen Jugendkriminalität im Spiegel der polizeilichen Kriminalstatistik und beleuchte die Ergebnisse aktueller Studien, aus denen wir Früherkennungssignale und Schutzfaktoren ableiten können.

In Kapitel 3: *Verstehen statt verdrängen* verknüpfe ich beim Blick zurück in unsere Kindheit die Frage, ob die Jugend heute wirklich »schlecht(er)« ist. Der Anti-Gewalt-Trainer Stefan Werner hinterfragt in seinem Beitrag, ob Jugendliche ein Bedürfnis nach Gewalt haben.

Im 4. Kapitel: *Hinschauen statt wegsehen* habe ich einen Fragenkatalog mit Indikatoren zur Früherkennung einer sich anbahnenden Krisensituation erstellt. Dabei bin ich mir durchaus bewusst, dass eine Beurteilung der Gefährdungslage für ein Krisenteam im Einzelfall sehr schwierig ist. Aber ein Blick auf diese Fragen kann ein erster Schritt in die richtige Richtung sein, um durch angemessene Reaktionen »auffälligen« jungen Menschen Hilfe anbieten zu können.

Im Schlusskapitel: *Handeln statt resignieren* beschreibe ich methodische Schritte der Konzeption »Impulse« (www.schmitt-kilian. de), wie wir uns an die Lebenswelten von jungen Menschen herantasten und Eltern die Wünsche und Fantasien der Jugendlichen transportieren können. Alle Bausteine können in Projekte integriert und mit eigenen Ideen verknüpft werden.
Das Projekt »Wer nichts tut, macht mit« beschreibt, wie man couragiertes Verhalten einüben kann, ohne sich selbst zu gefährden. Die Konzepte der Antigewalt-Trainer Karl-Heinz Schreiber und Stefan Werner ergänzen die Anregungen und wollen das Interesse an Fortbildungsveranstaltungen wecken.

Im *ANHANG* werden die mit einem * gekennzeichneten Ausdrücke in einem Glossar erklärt. Den Fragebogen können Schüler nach einem Projekt ausfüllen. Der Denkzettel: »Betrifft mich« kann als Diskussionsgrundlage benutzt werden. Die Medienpakete von ProPK, eine Info über Gewaltvideos auf Handys sowie die Dokumentationsserie »Gewalt macht Schule« vom Medienprojekt Wuppertal sind im Unterricht einsetzbar.

Kapitel I

Denn wir wissen nicht, was sie tun ...

In der Phase der Persönlichkeitsentwicklung tasten Jugendliche sich an Grenzen heran. Auf der spannenden Reise in die Welt der Erwachsenen überschreiten junge Menschen nicht selten diese Grenzen, die einen mehr, die anderen weniger, und manche schießen weit über das Ziel hinaus. Beleidigungen und körperliche Auseinandersetzungen unter Jugendlichen sind »normal« und eine alltägliche Form der Abgrenzung und der Verteidigung eigener Bedürfnisse. Mit einigen Gewalttaten werden Lehrer und Eltern direkt konfrontiert, andere bleiben unentdeckt, und manche werden erst nach Jahren bekannt. Mit zunehmendem Abstand zur Tat reduziert sich meistens auch die Entrüstung und Empörung über dieses Verhalten.

Wer die Zukunft verändern will, muss die Vergangenheit verstehen und sich in die »Rolle« der jungen Generation hineinversetzen. Dabei ist die Methode des Perspektivenwechsels ein geeignetes Instrumentarium, dieses Thema nicht nur mit eigenen Augen, sondern auch aus dem Blickwinkel der jungen Generation zu sehen.

Viele Jugendliche erkennen oft nicht, wie stark sie andere mit Worten verletzen und bei einer direkten Konfrontation hören wir immer entschuldigende Floskeln. »*Ich habe es doch nicht so gemeint*«, »*Der hat immer so getan, als ging es ihm am A… vorbei*«, »*Die hat mich ja auch beleidigt*«, »*…war doch selbst schuld*«. Den Jugendlichen, die sich mit solchen Entschuldigungen für ihr Verhalten rechtfertigen, kann man die Frage stellen, wer denn letztendlich entscheidet, was Gewalt ist. Wir kommen gemeinsam zu dem Ergebnis: *Gewalt ist das, was das Opfer als verletzend und kränkend empfindet.* Dies bedeutet, dass auch Handlungen, die einer Person »im Spaß« zugefügt werden, als Gewalt zu werten sind, wenn das Opfer selbst dabei keinen Spaß empfunden hat.

> »Ich habe dicke Schminke auf mein Gesicht geschmiert,
> versteck meine Tränen hinter einer lächelnden Maske.
> Ich bin traurig, aber ich kann nicht weinen.
> Dabei würde ich so gerne mein wahres Gesicht zeigen.
> Aber wenn ich die Maske abnehme, habe ich Angst,
> dass die anderen mich noch mehr fertigmachen.
> So hoffe ich weiter, dass sie irgendwann aufhören.

Ich muss nur so tun, als mache es mir nichts aus.
Aber das stimmt nicht.
Dabei macht mich das alles so fertig.«
Claudia, 14

In erster Linie wollen wir in diesem Buch die alltägliche Gewalt unter Jugendlichen betrachten. Ausgrenzen, drohen, hänseln, verleumden, beleidigen, erpressen, mobben, dissen und stalken sind neben körperlichen Angriffen »an der Tagesordnung«. Die wenigsten Fälle werden den Lehrern – wenn überhaupt, dann relativ spät – bekannt, weil sie sehr subtil ablaufen.

Schüler sind übereinstimmend der Meinung, dass Worte, die den wunden Punkt treffen und ständig wiederholt werden, mehr verletzten können als ein körperlicher Angriff. Dies gilt insbesondere für Beleidigungen von Familienmitgliedern (Hartz IV, Wohnverhältnisse, Mutter als Hure, Schlampe, Fotze bezeichnen, Behinderung von Familienangehörigen, Todesfall in der Familie).

»Man muss keinem eine reinhauen, um ihn zu verletzen.
Wenn man den Schwachpunkt kennt,
genügend ein einziges Wort,
um den anderen fertigzumachen.«
Sascha, 16

Dennoch ist entscheidend, wer was sagt. Es gibt Schüler, die begrüßen sich im betont lässigen und coolen Umgangston gegenseitig mit »Hurensohn« oder »Schlampe«, »Spasti« oder »Bastard« (ohne oft die Bedeutung dieser Worte zu kennen) und empfinden es als normal. Wenn ein anderer diese Worte benutzt, hat er die Faust im Gesicht, da der Täter den »wunden Punkt« des Opfers getroffen hat.
Oft werden Jugendliche mit ihrem Schwachpunkt so lange gehänselt, bis sie ausrasten und sich körperlich wehren. Der Provokateur kann endlich zuschlagen, weil er angegriffen wurde und sich *»natürlich verteidigen musste«*. Jugendliche Täter provozieren das »Opfer«, um ihr eigenes Verhalten als Selbstverteidigung zu rechtfertigen.

Eine besondere Form der Ausgrenzung ist das Ignorieren der Anwesenheit eines Mitschülers. »*Ich suche Gegner, keine Opfer*« symbolisiert dem Opfer, dass es noch nicht einmal wert ist, sich mit ihm zu beschäftigen.

»Für die anderen Luft zu sein,
ist schlimmer als manchmal Hänseln!«
Elena, 15

Zur Sensibilisierung möchte ich Ihnen exemplarisch für viele Begegnungen mit Jugendlichen drei Beispiele (die Originalschreibweise ist bewusst übernommen) geben, die mich besonders nachdrücklich berührt haben, obwohl in allen Fällen keine körperliche Gewalt eingesetzt wurde. Jugendgewalt hat viele unbekannte Gesichter und in Projekten berichten jugendliche »Opfer« immer wieder, wie sie von anderen »nur« mit Worten fertiggemacht werden.

1. Schauen wir genau hin!

FALLBEISPIEL 1:

Eine Tote meldet sich zu Wort
Janine Meier geht in die Klasse 8 des Gymnasiums. Sie ist magersüchtig. Jeden Morgen schreit ihr Klassenkamerad Kevin laut über den Schulhof: »*Da kommt wieder unser lebender Kleiderbügel!*« Oder er bezeichnet sie als *dürre Bohnenstange, Klappergerüst* und benutzt manchmal noch heftigere Ausdrücke. Alle lachen. Keiner hilft Janine. Niemand ergreift Partei für sie. Auch kein Lehrer. *Wie feige. Dabei sind einige doch ganz nett.* Janine sucht immer wieder Kontakt. Sie möchte eigentlich gerne zur Clique um Kevin gehören. Da sind auch einige nette Mädchen drin. Warum sagt niemand, dass Kevin endlich damit aufhören soll?
Jeden Morgen spürt Janine die Schmerzen im Bauch. Sie hat Angst, zur Schule zu gehen, schwänzt immer öfter den Unterricht. Ihrer Mutter möchte sie nichts von ihrer Angst erzählen. Sie will Mama nicht noch mehr belasten. Denn Mama hat auch Angst. Viel größere Angst als Janine. Mama hat Krebs. Sie wird bald sterben.
Mama ist jetzt schon vier Wochen tot. Papa war auf der Beerdigung. Er ist nur eine Nacht geblieben und dann wieder zu seiner Freundin gefahren. Papa ist damals ausgezogen, als bei Mama diese schlimme Krankheit festgestellt wurde.
Janine wohnt nun bei den Großeltern. Der Hausarzt hat sie zwei Wochen vom Unterricht befreit. Dann der erste Schultag nach der Beerdigung. Erste Pause. Janine geht wie immer mit einigen aus der Klasse an den Kastanienbaum. Nur Judith umarmt sie. Die anderen wissen nicht, was sie machen sollen. Sind peinlich berührt. Kevin grinst sie blöd an. Wie immer. Dann klingelt sein Handy.
»*Hallo?*«, meldet sich Kevin und schaut nach oben in den strahlend blauen Himmel.

»*Guten Tag, Frau Meier*«, schreit Kevin in das Handy.
Janine wird schwindlig. Nur noch verschwommen dringt Kevins grelle Stimme in ihren Ohren.
»*Der Empfang von oben ist aber hervorragend. Ja, klar. Natürlich können Sie mit Ihrer Tochter reden. Einen Moment noch. Sie steht direkt neben mir!*«
Kevin grinst.
»*Hier, Deine Mutter!*«
Er reicht Janine sein Handy. Bis heute hat er ihr noch nicht einmal die Hand gegeben, sie kein einziges Mal berührt und dennoch immer schwer verletzt.
Janine blickt in die entsetzten Gesichter der anderen. Die starren Kevin nur an. Aber es fällt kein einziges Wort.
Wenn Blicke töten könnten, würde Kevin tot umfallen.
Am liebsten wäre sie tot. Sie rennt vom Schulhof.
Ob sie es noch einmal mit Tabletten versuchen soll?

FALLBEISPIEL 2:

»Echt fett im Internet!«

Ey ihr Fotzen, wer von euch kann sich noch an uns erinnern? Ihr seid immer noch alle Scheiße, also lasst uns in Ruh, denn Wir wollen unser Ding alleine durchziehen, yeah! Ihr seid alles Mistgeburten, und denkt ihr seid hübsch, ihr seid hässlich wie die Nacht, die eine hat en Fettes Muttermal am Kopp, die andere ein Kreuz, wie Balu der Bär, Hallo? Das kommt doch nicht von ungefähr! Die eine kommt aus Holland, dass ist Bestrafung genug, die andere meint, sie kommt aus Frankreich, aber französisch sprechen geht nicht, außerdem meint sie, sie ist hübsch, aber in Wirklichkeit hat sie ne Fresse wie ne Britch. Und für so ne Fotze nen ganzen Tag Schulfrei zugeben, nur um en CD-Player Ein- und Auszuschalten, dass ist schon lächerlich, seht zu das ihr schlampen euch schnell verpisst, sonst werdet ihr noch mehr gedisst ...
Aber halt, wir sind ja noch nicht ganz fertig, da ham wir ja noch die »Latscho Trainerin« Frau XXX oha, alter uns wir gleich

schlecht, alleine vom Namen kriegen wir schon Herpes. Denn es würde uns belasten, wenn »Unser Freund XXX heißen wird, und dann noch von so einem ein Kind kriegen, bah ey, pervers, fuck you Nazi!
Wisst ihr Schlampen was? Wir die FREESTYLER haben kein Bock mehr auf euch, in Zukunft ziehen wir unser Ding alleine durch, denn wir sehen es gar nicht ein für euch Fotzen den schwulen CD-Player und das jenische Trampolin rum zuschleppen, wir sind doch keine Deppen, wenn ihr die Kacke braucht, dann holt das Zeug selbst, Junge wir schwören, ihr Stresst uns, ihr abgebujten Nutten, wir ficken euer Turnen, und euer Turnen ist euer Leben, also haben wir euer Leben gefickt, ihr Huren. Ihr seid so lächerlich, ihr habt nichts drauf, kein bisschen, geht zum Schönheitschirurgen, ihr Meggise.
So jetzt müssen wir aber realy pre narschen, denn XXX wartet auf uns, die Nazisau …
See ya bitches …
Mit freundlichen Grüßen

FALLBEISPIEL 3:

»War doch nur Spaß!«

An einem Wochenende erreichte mich die E-Mail eines Lehrers:

»… ich weiß, dass Sie im Moment unter großem Termindruck stehen. Allerdings gab es ein Ereignis in meiner Klasse, bei dem ich Ihre Hilfe bzw. Unterstützung brauche.
Am letzten Wochenende informierte mich eine Schülerin meiner 9. Klasse, dass zwei Mitschüler einen Amoklauf an unserer Schule planen würden. Es klang alles stimmig, und die Schüler wirkten sehr verstört. Sie weinten auch. Daraufhin informierte ich unsere Schulleiterin. Sie nahm Kontakt mit der Polizei auf und diese unternahm alle weiteren wichtigen Schritte. Es wurde alles aufgeklärt und die weiteren Strafen

(polizeilich und schulisch) müssen nun noch beschlossen werden. Heute hatten wir ein klärendes Gespräch in der Schule mit Eltern, Schüler, Schulleitung und Polizei.
Eben telefonierte ich mit den zwei Schülern, die die Informationen weitergegeben haben. Sie haben natürlich Angst vor den nächsten Schultagen.
Am Montag werde ich mit der Klasse ein Gespräch führen. Herr N.N. von der Polizei befindet sich während des Gespräches in der Schule, um mich ggf. zu unterstützen.
Wie kann/soll es ab Montag für alle Beteiligten weitergehen? Ich bräuchte da kompetenten Rat und eine Hilfestellung!
Könnten Sie mir weiterhelfen oder sogar uns kurzfristig einen Termin in unserer Schule anbieten? Ich freue mich auf Ihre, hoffentlich positive, Antwort und verbleibe bis dahin.

Was war geschehen? Der 15-jährige Peter S. hatte einer Mitschülerin im Internet von einem kurz bevorstehenden Amoklauf eines anderen Schülers berichtet. Hier ein kurzer Ausschnitt mit den wesentlichen Fakten:

Übrigens bald findet ein amoklauf an der schule statt wollte dich nur warnen
Wie? Damit versteh ich keinen spaß
Ja ich auch net
Wer?
Als ob ich dir das sagen würde dann bekomme ich wohlmöglich noch nen header* außerdem weiß ich net ob der das aus spaß meinte
Du meinst, wenn du mir das sagst würds dann der ganzen schule umgehn, nicht wahr?
weiß net obs ernst gemeint war von dem ist eigentlich guter kumpel von mir
Was du von mir denkst ...
alles mögliche nur das schlimmste, wenn ich dich sehe bricht die dunkelheit an was? Xd

Bei einem zufälligen Treffen mit der Schülerin und weiteren Mitschülern wurde der Absender dieser E-Mail gefragt, warum er so traurig wirke, ob jemand gestorben sei. »Noch nicht, aber bald« soll er geantwortet und dann die Mitschüler gefragt haben, ob sie sich an dem Massaker beteiligen würden. Die Schüler waren entsetzt und vertrauten sich ihren Eltern an. Diese informierten den Klassenlehrer, der wiederum umgehend die Schulleiterin und diese sofort die Polizei.

Peter S. konnte als Absender der Mail (E-Mail-Header*) ermittelt werden. Er wollte mit Paul P. an einem bereits terminierten Tag den Amoklauf durchführen. Die beiden Jungen wollten »*Fluchtwege versperren, durch technische Manipulation die Telefonanlage lahmlegen und die Übertragungsfrequenz des Funkstellenbereichs für den Handyverkehr stören, damit die Polizei nicht alarmiert werden kann ...*«. Ob die beiden Jugendlichen die Möglichkeit hatten, sich Waffen zu besorgen und im Besitz der technischen Möglichkeiten zur Unterbrechung des Mobilfunknetzes waren, konnte letztendlich nicht geklärt werden. Nachdem die polizeilichen Maßnahmen (Gefährderansprache, Durchsuchungen, Vernehmungen etc.) getroffen wurden, erreichte mich die zweite Mail des Lehrers:

> ... die Klassenkonferenz hat 6 Tage Schulausschluss beschlossen.
> Heute haben wir im Sitzkreis ein erstes längeres Gespräch in der Klasse begonnen. Es gestaltete sich schwierig, da beide Kandidaten offenbar nicht ehrlich und offen gegenüber den Mitschülern waren. Das haben diese bemerkt. Auch gibt es viele Gerüchte bzgl. wer getötet werden sollte. Wissen Sie, was an diesen Gerüchten dran ist? Wie reagiere ich darauf? Ich habe sie unkommentiert gelassen, aber morgen tauchen die Sachverhalte ja wieder auf.

Peter und Paul bestritten, dass sie eine Todesliste angelegt haben. Nach Einzelgesprächen waren beide damit einverstanden, ihr Verhalten mit der Klasse zu thematisieren. Die Mitschüler hatten immer noch Angst, dass »*die beiden irgendwann doch durchdrehen*«. Diese Angst wurde dadurch verstärkt, dass Peter einigen Schülern gedroht hatte, sie umzubringen, wenn sie vor der Polizei weitere Angaben machen würden. Neben den strafrechtlichen Konsequenzen und der Betreuung durch Psychologen war nun zu entscheiden, welche Maßnahmen in der Klasse geeignet sind, um den »Schulfrieden« wiederherzustellen. Zwei Wochen später schrieb der Lehrer:

> … wir haben in der Klasse das Gespräch über Amoklauf usw. beendet, da die Schüler den Alltag wiederhaben wollen! Sie möchten die Normalität und »normalen« Unterricht …
> … haben Sie mit der Psychologin Kontakt aufgenommen? Ich denke, Paul braucht dringend Hilfe. Die Mutter ist mit der Aufgabe nach der Suche um Hilfe restlos überfordert. Sie wäre dankbar, wenn ich ihr eine Telefonnummer geben würde, und sie bräuchte nur noch einen Termin auszumachen. Selbst mit der Schilderung des Falles, wäre sie meiner Meinung nach, überfordert. Können Sie mir da weiterhelfen?

Dies ist ein positives Beispiel, wie Schule in enger Zusammenarbeit mit Polizei und therapeutischen Fachkräften reagieren und eine schlimmere Entwicklung verhindern kann.
Und es bestätigt uns in der wichtigen Erkenntnis, dass Lehrer, Schüler ermutigen sollten, Auffälligkeiten mitzuteilen, wenn sie sich Gedanken über die Äußerungen oder das Verhalten eines Mitschülers machen.
Je früher wir erfahren, dass sich Jugendliche in besorgniserregender Form äußern oder verhalten, je zeitnaher wir reagieren, desto größer ist die Chance, einem jungen Menschen zu helfen und eine schwere Gewalttat zu verhindern.

2. Von Ausgrenzen bis Zuschlagen

Tagtäglich erleben wir Gewalt in verschiedenen Facetten: von »einfachen« Beleidigungen, Mobbing, über körperliche Auseinandersetzungen, schwere Misshandlungen, brutal ausgeführte Straftaten bis hin zu Amokläufen als schlimmstes Ereignis, von dem alle hoffen, dass sie niemals ein Schulmassaker erleben müssen. Viele Menschen fragen sich, ob die extremen Gewalthandlungen noch »normal« sind.
Leider werden immer noch aus Angst um den guten Ruf der Schule und dem befürchteten Rückgang von Schüleranmeldungen gewalttätige Handlungen auf dem Schulhof und in Klassenräumen »unter den Teppich gekehrt«. Einige Schulleiter erstatten selbst bei gravierenden Straftatbeständen keine Anzeige. Dabei würde ein konsequentes Handeln Signalwirkung haben, denn die »Taktik des Verschweigens« spricht sich bei Schülern schnell herum. Einige Schüler testen weiterhin ihre Grenzen aus und andere wiederum fragen sich, warum die Schule nicht reagiert.

> »An unserer Schule kann jeder machen, was er will.
> Wenn einer was auf die Schnauze kriegt,
> dreht sich Herr M. einfach um.
> Vielleicht würde unser Lehrer demjenigen
> selbst gerne mal eine so richtig abziehen.«
> *Björn, 17*

Daher muss insbesondere bei den Eltern schulpflichtiger Kinder ein Bewusstsein geschaffen werden, dass die Schule, bei der ein Fall von Drogenmissbrauch oder Gewalt bekannt wird, nicht zwangsläufig die Schule mit dem größten »Gefährdungspotenzial« ist. Im Gegenteil: Eine klare Haltung mit angemessenen Konsequenzen, der offensive Umgang mit gewissen Ereignissen und die kontinuierliche Durchführung präventiver Projekte sollte positiv bewertet werden.

Die Gewalt gegen Sachen, also das mutwillige Beschädigen oder Zerstören von Unterrichtsmaterial, Beschädigung der Gegenstände an-

derer, von Einrichtungen (Toilettenbecken aus der Wand reißen) und Gebäudeanlagen, also die gesamte Palette vom Sprayen bis zur Brandstiftung, vernachlässigen wir in diesem Buch. Dennoch sollte man Jugendlichen verdeutlichen, wer die Kosten für Sachbeschädigungen trägt und welche strafbaren Handlungen begangen werden.
Es darf nicht verschwiegen werden, dass es in Einzelfällen auch zu Übergriffen der Lehrer gegen Schüler (z. B. Beleidigung, Bloßstellung, Demütigung) kommt. Selbst wenn Lehrer ihre Aktionen als harmlos betrachten und sich mit bekannten Floskeln, wie: »*Ich habe es doch nicht so gemeint!*«, »*Stell dich nicht so an!*«, »*Mein Gott, bist du empfindlich!*«, rechtfertigen wollen, entscheidend ist auch hier: Das Opfer entscheidet, was verletzt!

Wir erleben aber auch zunehmend respektloses Verhalten von einzelnen Schülern gegenüber Lehrern.
Die harmloseste Variante ist dabei die Verweigerung der Mitarbeit und die Störung des Unterrichts. Auch wir haben früher die Mitarbeit verweigert, den Unterricht gestört, »blau gemacht«, dem Lehrer »die Pest an den Hals gewünscht« oder einen kleinen Streich gespielt, aber ich kann mich an keinen einzigen Fall erinnern, dass in meiner Schulzeit jemals ein Schüler einen Lehrer tätlich angegriffen oder vor der Klasse beleidigt hätte.
Heute hat das Ausmaß von Provokationen zugenommen. Junge Menschen wissen genau, wie sie einen Lehrer fertigmachen können. Beleidigungen vor der Klasse, Verleumdungen, Nachstellungen, Beleidigungen im Internet, Beschädigen persönlicher Gegenstände des Lehrers, offene oder anonyme Drohungen, Telefonterror bis hin zu tätlichen Angriffen haben nicht nur an »Brennpunktschulen« ein unerträgliches Maß erreicht.
Bei vielen Lehrern ist ein Burn-out-Syndrom nicht nur auf die steigende Belastung im Schuldienst, sondern auch auf das mehr als respektlose Verhalten der Schüler zurückzuführen. Zwar stellen wir an so genannten »Brennpunktschulen« (siehe Zustände an der Rütli-Schule in Berlin) ein verstärktes Gewaltpotenzial fest, aber Fallbeispiel 2 ist wohl der beste Beweis dafür, dass auch Gymnasien keine »friedlichen Inseln der gewaltfreien Glückseligkeit« sind.

3. »Den Bullen machen wir fertig!«

Eine persönliche Erfahrung

Es ist 8.00 Uhr. Ich sitze im Lehrerzimmer einer Schule, in der ich seit Jahren Projekte zur Sucht- und Gewaltprävention durchführe. Meine Frage nach Besonderheiten wird von der Lehrerin, die das Projekt für vier Klassen der Stufe 8 organisiert hat, mit »nichts Auffälliges« beantwortet, lediglich der Hinweis, dass man mich nicht beneide, denn eine Klasse sei nicht einfach. Wer ist schon einfach? Ich kann mit Klassen, die von den Lehrern als »katastrophal« beschrieben werden, meist besser auf der Gefühlsebene arbeiten als mit »kopfgesteuerten« Gymnasiasten, die alles hinterfragen, analysieren, aber oft keine Gefühle zulassen. Die Klasse ist »multi-kulti«. Ich sammele Stichworte zum Thema Gewalt und schreibe die Antworten an die Tafel. Dazu muss ich der Klasse den Rücken zuwenden
Ich achte darauf, den Blickkontakt nur kurz zu unterbrechen. Nicht kurz genug. Hinter mir schallt ein herzzerreißender Schrei. Ich zucke zusammen, drehe mich sofort um, blicke in die Runde. Alle grinsen.
Ich bitte darum, das künftig zu unterlassen, da ich ansonsten das Projekt abbrechen würde. Der zweite Schrei ist schriller, lauter, als würden mehrere gleichzeitig einen Kampfschrei ausstoßen. Ich gebe der Klasse die Chance, untereinander zu klären, damit diese Störung unterbleibt und verlasse für drei Minuten den Raum. Hinter der verschlossenen Tür entsteht eine heftige Diskussion. Als ich den Klassenraum wieder betrete, verhalten sich die Schüler zunächst diszipliniert, arbeiten gut mit und sind ruhig. Die Ruhe vor dem Sturm, denn nach zehn Minuten (ich habe mich nur kurz umgedreht) ertönt erneut ein schriller Schrei wie aus einer Dolby-Surround-Anlage. Ich packe meinen Rucksack und verlasse den Raum mit dem Hinweis, dass der Lehrer den Unterricht fortsetzen wird. Jemand ruft mir nach: »Das können Sie doch nicht machen!«

Szenenwechsel: Im Lehrerzimmer sitzt der Klassenlehrer. Junger Mann. Um die dreißig. Athletische Figur. Mindestens einsachtzig Körpergröße. Bei der Begrüßung machte er einen selbstbewussten Eindruck. Als ich den Raum betrete, schlägt er die Hände über dem Kopf zusammen. Ahnt er, was ich ihm nun berichten werde? Ich schildere den Vorfall. Der Lehrer zündet sich mit zitternden Händen eine Zigarette an und sagt, er werde nicht in die Klasse gehen. Die hätten schon eine Kollegin gemobbt, die nun arbeitsunfähig sei. Die Vertretung der erkrankten Kollegin habe auch »das Handtuch geschmissen« und er wisse nicht mehr, was er mit der Klasse noch machen solle. »Die schaffen mich auch noch!«
Ich bringe meine Verärgerung zum Ausdruck. Warum hat mir niemand die Situation erklärt. Was tun? Seine Lösung: die Klasse nach Hause schicken.
Ich glaubte, nicht richtig zu hören: Dritte Stunde? Schulfrei? Als Belohnung für dieses Verhalten? Das kann nicht sein. Dann kommt der Klassensprecher und entschuldigt sich. Dieser Schüler hat mit Sicherheit keinen einzigen Ton ausgestoßen. Ich möchte wissen, wer den Unterricht gestört hat. Der Klassensprecher hat Angst die Namen zu nennen. Der Schulleiter geht in die Klasse. Kurze Zeit später erscheinen fünf Jugendliche. Das Klischee ist oft die Realität: fünf verschiedene Nationalitäten stehen in Reih und Glied und singen im Chor auf Befehl des Schulleiters: »Wir entschuldigen uns, Herr Schmitt-Kilian!«
Dabei grinsen sie mich frech an.
»Kommen Sie bitte wieder in die Klasse zurück!«
Ich beschreibe den fünf Jungen kurz, wie ich mich gefühlt habe, dass sie durch ihr Verhalten der Klasse keinen Gefallen getan haben, ich das Projekt abbrechen werde und sie mit dem Lehrer und der Klasse ihr Verhalten aufarbeiten sollten.
Erst später erfahre ich, dass die fünf gewettet haben, dass sie *es schaffen werden, den Bullen fertigzumachen.*

Was bedeutet ACAB?

Bei einem Projekt an einer anderen Schule hatte ein Schüler in Riesenbuchstaben ACAB an die Tafel geschrieben. Beim Betreten

des Klassenraumes werfe ich einen kurzen Blick auf diesen Schriftzug, reagiere aber zunächst nicht darauf. Dies scheint den mutmaßlichen Verfasser (oder Anstifter) dieser Beleidigung zu ärgern.
»Wissen Sie eigentlich, was das bedeutet?«, fragt er mich.
Ich verneine.
Er antwort: »Acht Cola, acht Bier!«
Alle grinsen.
»Das stimmt nicht!«, erwidere ich mit einem Lächeln.
In der Klasse entsteht Unruhe.
»Das ist doch bestimmt eine chemische Formel, die ich nicht kenne, so wie MDMA für Ecstasy!«
Erleichterndes Aufatmen. An den Gesichtern kann man ablesen, dass sie mich als »Grufti« einschätzen, der null Ahnung hat.
Dann frage ich, wer die Formel an die Tafel geschrieben hat.
»Wieso fragen Sie?«, ruft einer aus der Klasse.
Ich lächele und blicke in die Runde.
Einigen ist der Blickkontakt offensichtlich unangenehm.
Ich gehe nun auf den Schüler zu, der vermutlich ACAB an die Tafel geschrieben hatte, stelle mich vor ihn, blicke ihm tief in die Augen und sage lächelnd und mit ruhiger Stimme: »Ich weiß, was das bedeutet!«
Drei Sekunden lang könnte man eine Stecknadel fallen hören.
Die Zeit gönne ich mir, bevor ich sage:
»All cops are bastards!«
Niemand sagt ein Wort. Einige blicken auf den Boden. Verschämt? Peinlich? Überrascht?
Ich frage den Schüler: »Weißt du denn, was ein Bastard ist?«
Er schüttelt verneinend den Kopf. Die anderen geben diffuse Antworten, aber als ich die Klasse bitte, in meine Rolle zu schlüpfen, entsteht eine fruchtbare Diskussion.

Kapitel II

Informieren
statt verschweigen

1. Erfurt ist überall

Spätestens seit dem schrecklichen Amoklauf in Erfurt nimmt die breite Öffentlichkeit mit Besorgnis die Zunahme der Gewalt von Kindern und Jugendlichen wahr. Amoktaten sind der Endpunkt einer krisenhaften Entwicklung und im Nachhinein wurden immer wieder Warnsignale erkannt, die das soziale Umfeld ignorierte. Nach jedem schrecklichen Ereignis steht dieses Thema im Brennpunkt der Printmedien, und fast alle Fernsehsender strahlen Talk-Shows und Reportagen aus.
Der bundesweit anerkannte Prof. Christian Pfeiffer, Direktor des Kriminologischen Forschungsinstituts Niedersachsen, weist immer wieder darauf hin, dass die Jugendgewalt seit 2007 nicht zugenommen hat. Ungeachtet der Tatsache, ob Pfeiffer statistisch gesehen recht hat: Die Angst der Menschen, selbst Opfer von schwerer Gewalt zu werden, steigt scheinbar stetig. Und das nicht nur, wenn sie sich in der Dunkelheit oder an unbelebten Plätzen (so genannten Angsträumen) aufhalten, denn der Fall Dominik Brunner hat in erschreckender Weise deutlich gemacht, dass Gewalt auch am helllichten Tage unter den Augen von mehreren Personen ausbrechen kann.
Lassen Sie zum Einstieg in dieses brisante Thema einige der spektakulärsten Amokläufe (school shootings) der letzten zehn Jahre vor Ihrem geistigen Auge Revue passieren, quer durch die vereinte Republik von Anspach bis Zwickau:

1999 – Meißen
Ein 15-jähriger Gymnasiast ersticht seine Lehrerin in der Klasse.

2002 – Erfurt
Ein 19-jähriger Gymnasiast erschießt sechzehn Menschen.

2003 – Coburg
Ein 16-jähriger Realschüler schießt während des Unterrichts auf seine Klassenlehrerin und verletzt eine Schulpsychologin.

2006 – Emsdetten
Ein 18-Jähriger verletzt an seiner alten Schule 37 Menschen.

2009 – Winnenden
Ein 17-Jähriger stürmt seine frühere Realschule und erschießt im Schulgebäude und bei seiner Flucht insgesamt 15 Menschen.

2009 – Sankt Augustin
Eine 16-jährige Gymnasiastin wird von einer Mitschülerin entdeckt, als sie einen Brandanschlag auf ihre Schule verüben wollte.

2009 – Anspach
Ein 18-jähriger Gymnasiast stürmt, mit Molotow-Cocktails, Messern und Beil bewaffnet, seine Schule und verletzt neun Mitschüler und einen Lehrer.

2009 – Zwickau
Ein 19-Jähriger droht in einem Beruflichen Schulzentrum einen Amoklauf an. Der Schulleiter informiert sofort die Polizei. Seine vorbildliche Reaktion und sein konsequentes Handeln wird Signalwirkung auf andere haben.

2009 – Bergkamen
Am 18. November erhielt ich die E-Mail eines Kollegen, die ich auszugsweise wiedergeben möchte:

… jetzt haben wir auch unsere Amoklage. An der Heidehauptschule haben zwei jugendliche Täter einen Klassenraum gestürmt und eine Lehrerin verprügelt. Angeblich soll auch eine Schusswaffe im Spiel gewesen und ein Schuss gefallen sein …/… die Täter sind geflüchtet. Jetzt um 13.20 Uhr ist die Schule durchsucht und gesichert. Eine Wohnung soll im Augenblick vom SEK gestürmt werden …/… genau kriege ich es nicht mit, da ich krank im Bett liege.
Ich habe das erst erfahren, als mich eine andere Schule anrief, und fragte, was zu tun sei. Die Schulleitung wurde erst um 13.03 Uhr von einer Mutter benachrichtigt. Da lief der Einsatz aber schon 1-1 ½ Stunden.

Die Hauptfragen: Wie sollen wir uns in der Schule verhalten? Sollen/können wir die Kinder nach Hause schicken? Es scheint ein großes Problem zu sein, dass die anderen Schulen nicht benachrichtigt wurden ...

2009 – ???
Werden die Medien nach Abgabe des Manuskripts im Dezember 2009 noch über einen weiteren Amoklauf berichten?
Hat irgendwo in Deutschland ein junger Mensch seine Tat schon konkret vorbereitet?
Wir wissen es nicht, aber eines ist sicher!
Der nächste Amoklauf wird geschehen, spätestens 2010.

Bevor wir uns nun der alltäglichen Gewalt an Schulen und den Möglichkeiten von Prävention und Krisenintervention zuwenden, möchte ich noch einen kurzen Blick auf Gewaltexzesse von Jugendlichen in der Öffentlichkeit werfen, die uns spätestens seit den aktuellen Vorfällen in S-Bahnen und U-Bahnen immer wieder beunruhigen.

2. Täterschutz statt Opferhilfe?

Wird Prävention durch mangelnde Repression ad absurdum geführt?

Die »Frankfurter Allgemeine Sonntagszeitung« berichtet in der Ausgabe vom 25. Oktober 2009 über den Fall des 22-jährigen »K.o.o.e.«, der seit seinem dreizehnten Lebensjahr 700 bis 800 Menschen zusammengeschlagen haben soll. Unter anderem zertrümmerte er einem Jugendlichen mit dem Baseballschläger die Nase, einem anderen brach er das Jochbein und einem seiner zahlreichen Opfer schlug er mit solcher Kraft auf das Auge, dass die Adern platzten. *»Der kann seitdem nicht mehr richtig gucken«* ist scheinbar der einzige Kommentar des Sohnes türkischer Einwanderer. Er suchte den Streit und machte in der Stadt willkürlich wildfremde Menschen an: *»Hey, was guckst du?«* Und er wundert sich scheinbar am meisten, warum er für diese Gewalttaten niemals so richtig bestraft wurde. *»Fünf oder sechs Jahre Knast hätten es wohl sein müssen«*, sagt der Schläger, dessen richtiger Namen in diesem Artikel nicht genannt werden darf. Obwohl nach eigenen Angaben *»62 (!) Strafanzeigen erstattet wurden, drei wegen räuberischer Erpressung, der Rest wegen Körperverletzung«*, verließ der Täter alle Gerichtsverhandlungen als freier Mann. Die Strafen wurden immer zur Bewährung ausgesetzt. Es erfolgte lediglich eine Verurteilung zur Zahlung von Schmerzensgeld und die Verpflichtung zur Teilnahme an einem Anti-Gewalt-Training bei Stefan Werner (Jahrgang 1967, Sozialpädagoge (FH), Zusatzausbildung AAT®, arbeitet für die Sozialpädagogische Jugendwohngemeinschaft Mainz mit Gewalttätern und freiberuflich als Referent – Universität Landau, FH Erfurt, KFH Mainz, Studienseminare, ISS Frankfurt, WBZ Ingelheim, Schulen, sozialen Einrichtungen und Polizei – in den Bereichen: »Konfliktmanagement/ Deeskalationstraining«, »Gewaltprävention«, »Teamentwicklung«, »Konfrontative Pädagogik« und »Stressbewältigung und Psychohygiene«. Stefan Werner, Bienengarten 18, 55411 Bingen, E-Mail: sw.aat-ct@gmx.de, www.gewaltlos.info und www.mentalstärke.de).

Nach Aussage von Stefan Werner hat keiner der Jugendlichen, die von den Richtern zur Teilnahme an seinem Anti-Gewalt-Training verpflichtet werden, nur das getan, was in der Akte steht. Der Anti-Gewalt-Trainer weiß, welche menschlichen Schicksale sich dahinter verbergen, wenn die Hemmschwelle sinkt. Die Berliner Jugendrichterin Kirsten Heisig vertritt sogar die Ansicht, dass die Hemmschwelle nicht nur gesunken sei, sondern zumindest in sozialen Brennpunkten vollkommen abhandengekommen ist. Stefan Werner berichtet von einem Jugendlichen in seinem Kurs, der einem anderen mit Anlauf immer wieder auf den Kopf gesprungen ist, weil dieser seine Mutter beleidigt hat. Einer von den Teilnehmern schlug so lange mit einem Baseballschläger auf sein Opfer ein, bis das Gehirn offen lag. In meinen Projekten bestätigen Jugendliche, dass sie spätestens dann ausrasten, wenn die Mutter beleidigt wird (»*Hurensohn*«, »*deine Mutter treibt es mit jedem*«, »*deine Alte war echt gut im Bett*«). In einem Projekt schrie ein türkischer Junge: »*Die Mutter ist eine Heilige! Wer sie beleidigt, verletzt die Ehre der Familie. Und da muss man sich rächen!*«

Werner erklärt in dem Interview, dass viele seiner Klienten schon in der Grundschule wegen Prügeleien aufgefallen waren. »Sie springen in die Gesichter rein. Die Zunahme der Gewalt ist erschreckend«, resümiert er. Werner fragt seine Klienten, was sie über ihre Opfer denken und welche Rechtfertigungsgründe sie vorgeben. Die Antworten seien ebenso erschreckend. Opfer »*haben es verdient*«, »*mich »unterschätzt*«, »*halt Pech gehabt*«.

In einem Projekt rechtfertigte sich ein jugendlicher Schläger, das Opfer habe ihn »*blöd angeguckt*«. Auf mein Nachfragen erklärte der Jugendliche, er habe »*diesen überheblichen Blick nicht ertragen, weil der andere sich für was Besseres gehalten hat. Für den war ich der letzte Dreck*«. Das Opfer war ihm vollkommen unbekannt und als ich ihn fragte, ob er sich denn vorstellen könne, dass er sich vielleicht in der Interpretation dieses Blickes geirrt habe, antwortete er nur noch: »*Egal, hat er halt Pech gehabt!*«

Zwei Tage nach der Ermordung von Dominik Brunner schrieb mir ein Lehrer zur Vorbereitung auf unser Projekt:

... ich habe mit meinem Kollegen wegen der Diskussion in meiner Klasse über den S-Bahn-Mord von München Rücksprache gehalten. Er hat mir geschildert, dass in der Klasse nicht genügend Empathie für das Opfer zu finden gewesen sei. Es seien Bemerkungen wie »selber Schuld« etc. gefallen. Vielleicht gelingt es uns am kommenden Montag, die Klasse mehr zu sensibilisieren.

Schlägertypen unterscheiden sich von den »Amokläufern«. Schläger kommen überwiegend aus sozial schwachen Schichten und zerbrochenen Familien, und in diesem Buch werden wir die alltägliche Gewalt an Schulen in den Vordergrund stellen und nur am Rande aufzeigen, welche Folgen exzessiver Gewalt möglich sind, wenn wir nicht zeitnah und konsequent auf ein gewalttätiges Verhalten reagieren.
Potenzielle Amokläufer waren eher ruhig und zurückhaltend, haben zuvor niemals schwere Gewalt angewandt. Insofern ist es auch nötig, für die unterschiedlichen Tätertypen unterschiedliche pädagogische Maßnahmen anzubieten.

In der FAZ vom 29.10.2009 beschreibt Jürgen Körner, Präsident der International Psychoanalytic University Berlin, aktuelle Untersuchungsergebnisse über unterschiedliche Tätertypologien:

»Reaktiver« Gewalttäter
handelt im Affekt, fühlt sich schnell provoziert und beleidigt, kann seine Wut nicht unter Kontrolle halten und schlägt das Opfer brutal zusammen. Dieser Tätertyp erkenne seine Überreaktion, entwickle oft Schuldgefühle und daher könnten pädagogische Maßnahmen meist erfolgreich angewandt werden.
»Instrumenteller« Gewalttäter
wird nur dann aggressiv, wenn er sein – oft dissoziales – Ziel nicht erreicht. Das sind die Typen, die andere abzocken (Klamotten, Handy, Geld vom Opfer verlangen). Dieser Tätertyp soll in der Regel keine Schuldgefühle entwickeln und sei daher schwierig therapierbar.
Dieses Verhalten finden wir öfter an Schulen, als die meisten es wahrhaben möchten.

Körner berichtet von der Identifizierung eines dritten, besonders schwierigen Tätertypus, der scheinbar ohne jeglichen erkennbaren Grund handelt: »… junge Menschen, die mit einer dumpfen Wut durch die Straßen ziehen und sich ein Opfer suchen, an dem sie ihren Hass ausleben können. Die Wahl des Opfers ist fast beliebig: Jeder, der hinguckt, wegguckt, lacht oder ängstlich schaut, und erst recht derjenige, der auf das Rauchverbot in der S-Bahn aufmerksam macht.«

»Frust-Täter«
nennt Körner diese Tätertypen, bei denen ein Tatmotiv (zunächst) nicht zu erkennen ist. Viele dieser Täter sind in ihrer Kindheit traumatisiert worden und die meisten sind schon im Kindergartenalter aufgefallen.

Betrachten wir zunächst die statistischen Zahlen zur allgemeinen Jugendgewalt im Spiegel der Kriminalstatistik und dem Fokus der Medienberichterstattung.

3. Jugendgewalt: Daten, Fakten und Tendenzen

Die polizeiliche Kriminalstatistik (PKS) erfasst strafrechtliche Sachverhalte, die der Polizei angezeigt beziehungsweise bekannt werden. Die PKS will im Interesse einer wirksamen Kriminalitätsbekämpfung ein möglichst unverzerrtes Bild zeichnen und neue Erkenntnisse für die vorbeugende und verfolgende Verbrechensbekämpfung gewinnen. Allerdings ist die Aussagekraft der PKS begrenzt und wird besonders dadurch eingeschränkt, dass der Polizei ein (großer) Teil der begangenen Straftaten nicht bekannt wird. Der Umfang dieses Dunkelfeldes hängt von der Art des Deliktes ab und kann sich unter dem Einfluss variabler Faktoren (z. B. Anzeigebereitschaft der Bevölkerung, unterschiedliche polizeiliche Verfolgungsintensität) auch von Zeit zu Zeit ändern. Die PKS bietet also kein getreues Spiegelbild der Kriminalitätswirklichkeit, sondern eine je nach Deliktsart mehr oder weniger starke Annäherung an die Realität. Dennoch möchte ich einige statistische Zahlen zur Entwicklung der Jugendgewalt nennen.

> Die Zahl der Körperverletzungen von Jugendlichen an Jugendlichen stieg 2007 noch auffällig an. Besonders besorgniserregend war der Anstieg mit 6,3 Prozent bei gefährlicher und schwerer Körperverletzung.

Als positiv wertete der damalige Bundesinnenminister Wolfgang Schäuble bei der Vorstellung der polizeilichen Kriminalstatistik die hohe Aufklärungsquote von 55 Prozent. Die Zahl der Tatverdächtigen war im Vergleich zum Vorjahr um 4,9 Prozent angestiegen. Blicken wir nun auf die aktuellsten Zahlen aus dem Jahresbericht 2008: Bei den Tatverdächtigen zeichnet sich nach einem Anstieg 2007 eine rückläufige Entwicklung ab. 2008 wurden 101.389 Kinder, 265.771 Jugendliche und 237.190 Heranwachsende als verdächtige Personen einer Straftat erfasst. Als Opfer waren Jugendliche (14 bis unter 18 Jahren) vor allem bei Sexual-, Raub- und Körperverletzungsdelikten überdurchschnittlich betroffen. Nach dem Anstieg 2007 war 2008 mit 0,6 % wieder ein Rückgang festzustellen. Während die Anzahl der tatverdächtigen deutschen Kinder nahezu konstant blieb, nahm die der nichtdeutschen sogar um 3,7 Prozent ab. Der Rückgang der registrierten Kinderdelinquenz bei den nichtdeutschen Tatverdächtigen betraf vor allem die Sachbeschädigung mit 4,1 % und den Ladendiebstahl insgesamt um 1,3 %.

> 2008 wurde bei *gefährlichen und schweren Körperverletzungsdelikten* von deutschen Kindern ein Anstieg von 5,3 % registriert. Die Körperverletzungen insgesamt bilden mit 24,4 % den größten Deliktsanteil.

Erst danach folgen Ladendiebstahl (23,1 %) und Sachbeschädigung (19,6 %). Bei den jugendlichen nichtdeutschen Tatverdächtigen ergibt sich folgendes Bild: Körperverletzung (28,7 %), Ladendiebstahl (22,6 %), »schwerer« Diebstahl (10,6) sowie Sachbeschädigung (9,8 %). Der bis 2007 anhaltende Anstieg der registrierten Gewaltkriminalität und der vorsätzlichen leichten Körperverletzung wurde zum einen auf ein insgesamt gestiegenes Gewaltpotenzial in Teilen der Gesellschaft und zum anderen auf ein erhöhtes Anzeigeverhalten der Bevölkerung sowie eine Intensivierung der polizeilichen Ermittlungstätigkeit zurückgeführt.

> Bezogen auf ihren Bevölkerungsanteil sind bei der Gewaltkriminalität männliche Jugendliche und Heranwachsende sowohl bei den Tatverdächtigen als auch bei den Opfern überrepräsentiert.

Jugendgewalt spielt sich meist unter Gleichaltrigen ab. Das wahre Ausmaß des Anstiegs ist allerdings schwer zu erfassen. Einige Jugendforscher zweifeln, ob die Gewalt von Jugendlichen generell zugenommen hat. Wenn die Zweifel angemessen sind, stellt sich die Frage, ob die Situation wirklich so dramatisch ist oder wie die Darstellung in den Medien die öffentliche Meinung beeinflusst. Ein Anstieg von Jugendgewalt und Jugendkriminalität erzeugt Schlagzeilen, öffentliche Aufmerksamkeit und aufgeregte Debatten. Sinkende Zahlen werden nicht in dem Maße dargestellt, bleiben oft unbeachtet, denn »only bad news are good news«. Wenn durch reißerische Berichterstattung der Eindruck entsteht, dass Jugendgewalt ansteigt, bedeutet dies nicht zwangsläufig, dass die Jugend generell gewaltbereiter wird. Bei einer genauen Betrachtung muss man die jugendlichen Intensivtäter berücksichtigen, denn in dieser Altersstufe begeht eine kleine Gruppe eine Vielzahl der schweren, und damit auch medienwirksamen Gewalttaten. Und immer wieder taucht die Frage auf, ob durch aktuelle Vorfälle (Tod von Dominik Brunner in München) die Anzeigebereitschaft von Augenzeugen und Opfern ansteigt oder viele aus Angst vor Repressalien keine Anzeige erstatten und sich nicht als Zeugen melden.

Insofern muss man Aussagen über eine Tendenz (Zunahme oder Rückgang jugendlicher Gewalttaten) auf der Basis der bekannt gewordenen Straftaten kritisch hinterfragen. So könnte es durchaus sein, dass der Eindruck zunehmender Brutalität auf Einzelfälle zurückgeht, die überregional ein breites Medienecho finden.

Zum Thema Gewalt an Schulen zeigen auch Lehrerbefragungen ein uneinheitliches Bild, da diese nicht nur durch eigene (wahrgenommene?) Erfahrungen, sondern auch durch den jeweiligen Stand der öffentlichen Gewaltdiskussion beeinflusst werden.

4. Gewalt hat viele Ursachen

Eine über das »normale Maß« hinausgehende Ausübung von zielgerichteter schwerer Gewalt hat viele Ursachen. Auf der Suche nach Einflussfaktoren entdeckten die Forscher einige wesentliche Zusammenhänge: Jugendgewalt korreliert mit unvollständiger Familie, schwachen Schulleistungen, geringer elterlicher Kontrolle, häufigen abendlichen Ausgängen, Konsum von Alkohol oder Drogen sowie mit Unzuverlässigkeiten im schulischen Bereich.
Hingegen werden Jugendliche, deren Eltern klare Regeln setzen, bei einem Verstoß konsequent reagieren, die Freunde ihrer Kinder kennen und wissen, wo sich ihre Kinder (abends) aufhalten, die feste Heimkehrzeiten vereinbaren, weniger gewalttätig. Natürlich spielt die Peer-group in der Phase der Lösung vom Elternhaus eine entscheidende Rolle. Wenn Eltern den »Umgang« ihrer Kinder kennen, hat dies eine nicht zu unterschätzende Bedeutung. Die emotionale Bindung an die Schule senkt ebenfalls das Risiko von Gewaltanwendung. Wenn Schule ein »Wohlfühlraum« ist, aber auch klare Verhaltensregeln aufstellt und jeden Verstoß konsequent ahndet, kann sie einen wichtigen Beitrag zur Gewaltminderung leisten.
Viele Lehrer weisen zu Recht darauf hin, dass Gewalterfahrungen in der Familie die »Geburtsstätte« für Gewalt ist. Wir wissen, dass viele Täter früher selbst Opfer waren: Gewalt wird gelernt, nicht vererbt. Aber die Berufung auf die »schwere Kindheit« ist kein Rechtfertigungsgrund, andere zu verletzen.
In der Dezemberausgabe 2009 von »PSYCHOLOGIE HEUTE« schreibt Joachim Kersten (Universitätsprofessor an der Hochschule der Polizei in Münster), dass in den Forschungen zu selten Beschämung und Angstgefühle als Auslöser von Gewalt beachtet werden. Nach seiner Auffassung ist schwere Gewalt auch eine Folge der »Unfähigkeit, eine als unerträglich empfundene Form der Beschämung zu verarbeiten«. Der Gewaltforscher schreibt weiterhin: »Scham, Wut und Schuldgefühle ziehen in der englischsprachigen Kriminalitätsforschung als ›moral emotions‹ zunehmend Aufmerksamkeit auf sich.«

Eine Untersuchung über Amokläufe in den USA führte zu dem Ergebnis, dass die Mehrzahl der Täter zuvor erbarmungslos gehänselt und gequält wurde. »Die Schüler waren nicht homosexuell, sondern nur ›anders‹, irgendwie ›komisch‹, aber eben nicht ›richtig‹ männlich, und genau dies wurde zum Zentrum des Spotts und der Verachtung.«
Der Harvard-Wissenschaftler James Gilligan, Direktor des Zentrums für Gewaltstudien, beschreibt in seiner Studie, dass eine empfundene Verweigerung von Respekt und von außen betrachtet triviale, oft nur unterstellte Verletzungen der Ehre ursächlich für viele Gewalttaten waren. »Ein als unverschämt empfundener Blick oder eine Bemerkung lassen eine Gewalt explodieren, bei deren Ausübung der Selbstwert des Täters aufgerichtet wird.«

Der jugendliche Amokläufer hat bei jeder Kränkung und Zurückweisung »negative Rabattmarken« gesammelt. Er kennt keine einzige erwachsene Person, der er sich anvertrauen kann. Irgendwann ist das »negative Rabattmarkenbuch voll« und muss »eingelöst« werden. Er entwickelt einen Plan; heimlich, still und leise und daher unauffällig. Am Tag X zeigt er es all denen, die ihn fertiggemacht haben, erwacht aus seiner Ohnmacht und demonstriert seine Macht.
Diesen Gewaltausbruch hatte man dem »unauffälligen und stillen Schüler« niemals zugetraut.
Hat man ihm überhaupt jemals etwas zugetraut?
Oder waren die Anforderungen zu hoch, und er konnte die Erwartungen seiner Eltern nicht erfüllen?

Auch andere schwere Gewalttaten von jungen Menschen bis hin zum Suizid als ultimative »Lösung« ihrer Probleme erschrecken uns immer wieder. Und letztendlich ist ein Amoklauf nichts anderes als ein erweiterter Suizid (andere mit in den Tod nehmen).

Vor jedem dieser tragischen Ereignisse liegt eine Entwicklungsgeschichte, und im Nachhinein tauchen nicht nur die gleichen Fragen auf, sondern es kristallisieren sich »Gemeinsamkeiten« heraus, die wir nicht erkannt haben.

5. Gewalt ist (nicht nur) männlich

FALLBEISPIEL 4: GREGOR

Er hatte sein Testament geschrieben, bevor er mit einem Beil, vier Messern und fünf Brandbomben bewaffnet, morgens zur Schule ging. Der 18-jährige Gregor hatte den Amoklauf am Anspacher Gymnasium von langer Hand geplant. Sein Testament war mit dem Datum 9/11 unterschrieben, dem Jahrestag der Anschläge von New York am 11. September 2001: ein Datum, das sich auf immer und ewig in unser Gedächtnis eingebrannt hat – auch im Gedächtnis von Gregor R., der sechs Monate nach dem Amoklauf in Winnenden Molotowcocktails in Klassenzimmer warf und mit dem Beil auf die fliehenden Schüler einschlug. Laut Pressemitteilung wollte Gregor möglichst viele Schüler und Lehrer töten und die Schule niederbrennen. Als Motiv soll er Hass auf die gesamte Menschheit, besonders auf die Institution Schule genannt haben. Gregor verletzte insgesamt neun Schüler und eine Lehrkraft, darunter eine Schülerin lebensgefährlich. Im Zimmer des Amokläufers fanden die Ermittler brisante Dokumente. Auf einem Kalenderblatt war der Tattag mit dem Eintrag »apocalypse today« geschrieben, jedoch fanden sich keine Aufzeichnungen, dass bestimmte Personen Ziel seines Amoklaufs waren. Auch in diesem aktuellen Fall wurden erneut Kriterien bekannt, die auf viele Amokläufer zutreffen.
Gregor war unauffällig.
Gregor galt als introvertiert.
Gregor war unter Mitschülern nicht sehr beliebt.
Gregor befand sich in psychotherapeutischer Behandlung.
Gregor war polizeilich noch nicht in Erscheinung getreten.

FALLBEISPIEL 5: TANJA

Die 16-jährige Schülerin des Albert-Einstein-Gymnasiums in Sankt Augustin hat eine »traurige Berühmtheit« erlangt. Sie ist die erste weibliche Amokläuferin in der Chronologie der deutschen »school shootings«.
Tanja ging wie jeden Morgen zur Schule. Aber an diesem Tag hatte sie in ihrem Rucksack keine Schulhefte und Bücher, sondern eine Maske, ein Messer, eine Gaspistole, eine selbst gebastelte Bombe und Molotowcocktails. Nach dem Betreten des Schulgeländes wurde sie auf der Toilette bei der Vorbereitung des Brandanschlags von einer Mitschülerin entdeckt und zur Rede gestellt. Tanja stach auf die Schülerin ein und verletzte diese an der Hand. Die Schülerin konnte flüchten und eine Katastrophe verhindern. Hätte Tanja ihren Plan umgesetzt, wären vermutlich auch Tote zu beklagen gewesen. Nach Auskunft der Staatsanwaltschaft Bonn hatte Tanja »einen schweren Anschlag geplant«. Im Rucksack fanden die Ermittler neben den Tatwerkzeugen schriftliche Aufzeichnungen mit einem minutiös geplanten Ablauf für ihre Tat. Bei der Durchsuchung ihres Elternhauses stießen die Fahnder auf einen präparierten Feuerlöscher mit Schwarzpulver und bestätigten am nächsten Tag, dass es sich um eine funktionsfähige Bombe handelt. Es erging Haftbefehl wegen versuchten Mordes, Vorbereitung einer Sprengstoffexplosion und Körperverletzung.
Die Direktorin bezeichnete Tanja als »*gute Schülerin*«, »*ruhig*« und »*unauffällig*«. Wie Gregor.
Die Schulleiterin konnte nicht verstehen, wie sich eine Einser-Schülerin, die aus einem »guten« Elternhaus kommen soll (wie Gregor!), in eine »eiskalte Killerin« (in den Medien als solche bezeichnet) verwandeln konnte.
Zwangsläufig muss man sich die Frage stellen: Was ist ein »gutes« Elternhaus? Kannte die Direktorin das Mädchen überhaupt? Mitschüler berichteten den Medien von psychischen Problemen: Tanja sei schon lange unglücklich und habe bereits mit Selbstmord gedroht. Angeblich soll sie gesagt haben: »*Al-*

> les Scheiße, ich komm in der Schule einfach nicht zurecht. Ich
> würde am liebsten Amok laufen.«

Das Landgericht Bonn hatte mich für den 24.11. als Zeuge in einem Ermittlungsverfahren wegen bewaffneten Raubüberfalls geladen. Zahlreiche Journalisten und ein Übertragungswagen eines bekannten Fernsehsenders warteten vor dem Landgerichtgebäude. Ich wusste nicht, dass an diesem Tag auch der Prozess gegen Tanja über ihren versuchten Amoklauf am Gymnasium in Sankt Augustin stattfand.

Tanja wurde an diesem Tag zu fünf Jahren Jugendstrafe verurteilt. Die Strafkammer hielt es für erwiesen, dass sich die Schülerin des versuchten Mordes, der gefährlichen Körperverletzung und Verstößen gegen das Waffengesetz schuldig gemacht hatte. Da eine verminderte Schuldfähigkeit nicht sicher festgestellt werden konnte, ordnete das Gericht keine Unterbringung in der Psychiatrie an.

Ergänzend zu den bisherigen Ermittlungsergebnissen wurde bekannt, dass die 16-Jährige zu Prozessbeginn gestanden hatte, am Morgen des Tattages mit Molotowcocktails, einer Schreckschusswaffe und einem Kurzschwert bewaffnet zu ihrem Gymnasium gegangen zu sein. Sie plante, einen Lehrer mit dem Schwert niederzustechen und ihm die Schlüssel für die Klassenräume abzunehmen. Anschließend wollte sie die Klassenzimmer mit den Molotowcocktails in Brand setzen und die Türen von außen verschließen (siehe auch Tatfantasien Fallbeispiel 3).

Sollte das Bonner Urteil rechtskräftig werden, müsste die derzeit in der Jugendpsychiatrie untergebrachte Jugendliche in eine Jugendhaftanstalt verlegt werden. Wegen des jugendlichen Alters der Angeklagten fand der Prozess unter Ausschluss der Öffentlichkeit statt.

Und auch in diesem Fall drängen sich erneut Fragen auf:
Wie viele stille Hilferufe wurden nicht gehört?
Warum haben Lehrer, Schüler und Eltern die »lebende Zeitbombe« nicht früher erkannt?
Wieso werden »Gemeinsamkeiten« aus den aktuellen Studien ignoriert?

Es sind meistens nicht die auf den ersten Blick offensichtlich »Auffälligen«. Man muss schon einen zweiten Blick wagen, um die Gefahr bei den scheinbar »Unauffälligen« zu erkennen.
Die meisten planen keinen Amoklauf, ziehen sich eher in eine Parallelwelt zurück und manche wählen den Freitod.
Viele haben gehofft, dass sich jemand um sie kümmert und sehnsüchtig darauf gewartet. Sehr lange – manche zu lange.

6. »School Shootings« im Fokus

»Erkennungsindikatoren« und »Schutzfaktoren«

Nach dem Amoklauf in Winnenden führte das Bundesministerium des Inneren mit dem Kriminologischen Forschungsinstitut Niedersachsen (KFN) die Untersuchung »Jugendliche in Deutschland als Opfer und Täter von Gewalt« durch. Das Ergebnis: Einerseits wurde eine gleichbleibende bis rückläufige Tendenz der Jugendgewalt festgestellt, andererseits sind unter deutschen Jugendlichen rechtsextreme Gesinnungen weit verbreitet. 14,4 Prozent der 15-Jährigen sind als »sehr ausländerfeindlich« einzustufen und 3,8 Prozent gehören einer einschlägigen rechten Gruppierung an. Zudem steigt der maßlose Computerspiel-Konsum. Im Schnitt verbringen Neuntklässler jeden Tag 140 Minuten mit Computerspielen. Gleichzeitig hat auch der exzessive Konsum von Drogen wie Alkohol in den letzten Jahren weiter zugenommen. Diese Zahlen basieren auf einer Jugendbefragung, an der in den Jahren 2007 und 2008 45.000 Jugendliche der neunten Jahrgangsstufe teilgenommen haben.

Die Arbeitsstelle Kinder- und Jugendkriminalitätsprävention veröffentlichte ein Papier, das einige Gemeinsamkeiten von jugendlichen Amokläufern beleuchtet: »In Deutschland handelt es sich um Einzelfälle; eine Häufung bzw. eine Serie ist nicht erkennbar. Allerdings ist seit den Ereignissen in Columbine (Highschool Massaker in den USA im April 1999) dieser Tatmodus in hohem Maße symbolisch aufgeladen. Die Taten werden durch die mediale Berichterstattung überhöht; im Internet finden sich auch Verherrlichungen, die Täter werden in Huldigungen regelrecht vergöttert. Nicht uninteressant dürfte dabei sein, dass die Täter auf Nachruhm hoffen können. Zahlenspielereien, dass Deutschland nach den USA das prozentual am höchsten belastete Land bei Amokläufen an Schulen sei, sind angesichts der geringen Fallzahlen schlichtweg unseriös und in keinem Fall ein Beitrag zur Lösung der Probleme. Vorsicht ist auch dabei geboten, allzu enge Parallelen zwischen Vorfällen in den USA und den Ereignissen in Deutschland zu ziehen.

Vor dem Hintergrund der Selbstverständlichkeit des Waffengebrauchs in den USA und einem anderen Verständnis von »Selbstverteidigung« gerät schnell aus dem Blick, dass in Deutschland andere Motivlagen bedeutsam sein könnten.
Soweit bekannt, handelt es sich in Deutschland bislang ausschließlich um Einzeltäter ohne auffälliges Gewaltverhalten. Viele stammen aus sozioökonomisch geordneten Verhältnissen. Bei allen Tätern wurden im Nachhinein Rückzugstendenzen, aus ihrer Sicht schmerzhafte Demütigungen und Einsamkeit diagnostiziert. Die bisher bekannt gewordenen Informationen über die Täter legen die Vermutung nahe, dass alle Amokfälle eine Vorgeschichte haben, also keine reinen Kurzschlusshandlungen sind.
Darüber hinaus darf davon ausgegangen werden, dass die breite gesellschaftliche Diskussion, die nach den früheren Fällen von Amoklauf eingesetzt hat, die Sensibilität und Bereitschaft hat wachsen lassen, eigene Umgangsformen, Verfahrensweisen und institutionelle Strukturen weiterzuentwickeln. Auch wenn dieses nicht objektiv messbar und nicht überall im gleichen Maße erfolgt ist, so lässt sich doch feststellen, dass es ungezählte Bemühungen gibt (z. B. in Elterngesprächen, in Prozessen der Schulentwicklung, in Informationsveranstaltungen etc.), Antworten auf die Fragen zu finden, was jeder in seinem Bereich verändern kann. Allerdings muss man an dieser Stelle in Bezug auf Amokläufe Vorsicht walten lassen, weil diese Täter nicht in das übliche Muster der Jugendgewalt passen, da sie – soweit zu sehen – *vorher* nicht als zu Gewalt neigend aufgefallen sind. ... / ... dass es sich bei allen Tätern um *junge Männer* handelt, auf die der Umgang mit Waffen offenbar eine hohe Faszination ausübt ...
In diesem Papier werden einige Forderungen gestellt:
»... verbessert werden müssten auch Angebote für Kinder und Jugendliche, sich jederzeit vertrauensvoll und zeitnah an einen erwachsenen Ansprechpartner wenden zu können. ... / ... sicherlich hilfreich wäre es, vor allem im privaten Umfeld die Sensibilität für Rückzugstendenzen bei gleichzeitig wachsender Faszination an Waffen und Gewaltereignissen zu fördern. Dafür ist es notwendig, dass Eltern, die sich diesbezüglich Sorgen machen, schnell, diskret und zeitnah Beratungsangebote wahrnehmen können.«

In der Frage, wie das Risiko und die Folgen von Amoktaten verringert werden können, stimmen viele Aussagen mit den Ergebnissen einer von der Landesregierung Baden-Württemberg einberufenen Kommission »Expertenkreis Amok« überein. Diese Experten empfehlen den Risiken für Amoktaten an Schulen auf mehreren Handlungsebenen zu begegnen:

- durch Erfolg versprechende <u>Prävention</u> Risiken verhindern,
- im Rahmen entschlossener <u>Intervention</u> Schäden begrenzen,
- mittels intensiver <u>Opferhilfe</u> das Ausmaß lindern bzw. ausgleichen,
- durch <u>verantwortliche Berichterstattung</u> Opfer schützen und Nachahmungstaten vermeiden.

Im Rahmen eines Seminars der Konrad-Adenauer-Stiftung am 18. Mai 2009 auf Schloss Eichholz mit dem Thema »Möglichkeiten (und Grenzen) der Prävention von School Shootings und schwerer zielgerichteter Gewalt an Schulen und Interventionsmöglichkeiten« präsentierte Rebecca Bondu vom Leaking-Projekt der Freien Universität Berlin ähnliche Ergebnisse. Sie definiert »schwere zielgerichtete Schulgewalt« als jeden Angriff auf ein oder mehrere Opfer, bei dem die Schule bewusst als Tatort ausgewählt wurde. Diese Gewalt stellt sich in seiner schlimmsten Form als School Shooting dar: ein bewaffneter Angriff mit Tötungsabsicht an Schulen durch (ehemalige) Schüler und häufig mehreren Opfern (Tote und/oder Verletzte). Rebecca Bondu berichtete über Fälle, die durch die Aufmerksamkeit des sozialen Umfeldes (Lehrer, Schüler, Jugendbetreuer, Polizei) verhindert wurden.

Leider werden diese »Erfolge« und konkrete Präventionsmaßnahmen von den Medien zu selten aufgegriffen, denn unspektakuläre Vorbeugung passt nicht in das Schema einer »reißerischen Berichterstattung«.

Dabei gibt es sicherlich genügend Beispiele für aufmerksames, couragiertes und engagiertes Verhalten von erwachsenen Bezugspersonen in Schule und Elternhaus, wie das Fallbeispiel 3 beweist.

Kapitel III

Verstehen statt verdrängen

1. Ist die Jugend von heute wirklich schlecht(er)?

Wie haben Sie Gewalt in Ihrer Sturm- und Drangzeit erlebt?
Werfen Sie einen Blick zurück in die eigene Kindheit!
Erinnern Sie sich noch gut an diese Zeit?
Tauchen vor Ihrem inneren Auge Situationen auf, in denen Sie selbst Opfer waren? Oder Täter?
Haben Sie »Verletzungen« in der Kindheit verdrängt?
Oder wurden Sie etwa noch nie von Klassenkameraden gehänselt, gedemütigt, ausgegrenzt oder sogar verprügelt?
Haben Sie auf dem Gang von der Schule nach Hause schon einmal einen Umweg gewählt, weil Sie befürchteten, Sie würden von den anderen »abgepasst«?
Haben Sie einen späteren Bus (oder Zug) genommen, damit Sie nicht mit anderen gemeinsam fahren mussten?
Waren Sie erleichtert, als Mutter oder Vater Sie von der Schule abgeholt haben und Sie »sicher« in das Auto steigen konnten?
Haben Sie selbst andere beleidigt, gehänselt, ausgegrenzt, gegen andere intrigiert oder vielleicht sogar schon einmal selbst kräftig zugeschlagen?
Obwohl einige Jugendliche das bei manchen Erwachsenen wohl vermuten: Wir sind nicht als Greise auf die Welt gekommen. Beim Blick zurück wird deutlich, dass es zwischen Kindern und Jugendlichen schon immer Auseinandersetzungen gegeben hat. Wir waren auf irgendeine Art alle Opfer und Täter. Viele Erwachsene verdrängen, dass sie in ihrer Jugend mit Gewalt konfrontiert wurden. Der eine mehr, der andere weniger. Der eine früher, der andere später. Wir haben »Räuber und Gendarm« oder »Wildwest« gespielt und mit Spielzeugwaffen, manchmal auch mit selbst gebastelten Schleudern und Blasrohren aufeinander geschossen. Heute gibt es Gotcha-Spiele* mit Softairwaffen. Lesen Sie den Auszug eines Internettextes unter www.paintballpark.de und fragen Sie sich, ob dieses Spiel Sie nicht auch begeistert hätte:
»Paintball ist eine Mischung zwischen Schach, Räuber und Gendarm plus eine Portion Adrenalin. Paintball ist herausfordernd und

schnell. ... / ... grundsätzlich gibt es in einem Spiel zwei Teams, jedes mit einer eigenen Flaggenbasis und passenden Armbändern. Jedes Team startet an seiner eigenen Flaggenstation. Es wird ein Startsignal gegeben und beide Teams versuchen, die gegnerische Flaggenstation zu erreichen, sich die Fahne zu schnappen und zurück zur eigenen Station zu bringen. Wenn ein Spieler von einer Farbkugel (Paintball) markiert wird, ist er/sie aus dem Spiel. Trägt ein Spieler die Fahne, wenn er getroffen wird, muss er sie an der Stelle liegen lassen und das Spiel verlassen. Die Spiele haben normalerweise ein Zeitlimit von zwanzig Minuten. Dies hält die Spiele sportlich schnell und actionreich.«

Was uns heute beunruhigt, ist die extrem ausgeprägte Verrohung bei Gewaltdelikten und die Tatsache, dass sich die »Qualität« von Gewalt verändert hat. Wenn in unserer Jugendzeit jemand auf dem Boden lag, wie beim Judo »abklopfte« oder auf irgendeine andere Art und Weise zu erkennen gab, dass er »verloren« hatte, war der Kampf beendet.
Heute erleben wir bei gewalttätigen Auseinandersetzungen, dass selbst das Opfer, das zu Boden geht und die Hände schützend vor den Körper hält, weiterhin mit Füßen, manchmal gegen den Kopf, den Unterleib und in die Rippen, getreten und dabei schwer verletzt wird. Wir können den Alltag nicht ausblenden: Gewalt erleben wir im Klassenzimmer, auf dem Schulhof, auf der Straße, in Bussen, S-Bahnen, bei »Volksfesten« und überall dort, wo Jugendliche sich begegnen. Fast alltäglich erscheinende Vorfälle kleinerer aggressiver Taten werden einerseits verharmlost, andererseits so intensiv diskutiert wie schwerwiegendere Fälle. Aber nicht nur die jugendliche Gewalt unter Gleichaltrigen, sondern auch die Angriffe von Jugendlichen gegen Erwachsene haben inzwischen eine Dimension erreicht, die viele mit Angst und Sorge erfüllt. Wenn wir losgelöst von meist emotional stark aufgeheizten Schuldzuweisungen diesen Problembereich betrachten, erkennen wir unsere Grenzen, aber vielleicht auch Möglichkeiten, Verantwortung zu übernehmen. Wie können wir Elternhäuser unterstützen und mit Kooperationspartnern »Kräfte bündeln« und sowohl repressiv (und damit meine ich nicht nur die polizeiliche Sanktion) als auch präventiv tätig werden?

Aufgrund der Erfahrungen in den Projekten bedarf es weiterhin der Durchführung praxisorientierter und umsetzbarer Handlungskonzepte an Schulen. Und zwar kontinuierlich und in Kooperation mit Fachkräften. Dabei muss niemand das Rad neu erfinden, denn neben den Angeboten von qualifizierten Anti-Gewalt-Trainern gibt es zahlreiche praxisbewährte Methoden zur Durchführung von gewaltpräventiven Projekten.

Die folgenden Anregungen verstehen sich als Orientierungshilfen, wie wir »einigermaßen gewaltfrei« miteinander umgehen.

Lassen Sie uns gemeinsam betrachten, wie wir mit jungen Menschen in einen vertrauensvollen Dialog eintreten und für couragiertes Verhalten insbesondere in der Klassengemeinschaft sensibilisieren, denn »Wer nichts tut, macht mit!«.

2. Haben Jugendliche ein Bedürfnis nach Gewalt? Aggressives Verhalten, Erklärungen

(nach Stefan Werner)

Anhand polizeilicher Kriminalstatistiken (PKS) zeigt sich, dass Jugendliche (14- bis 18-Jährige) und Heranwachsende (18- bis 21-Jährige) die höchste Kriminalitätsbelastungsziffer der Gesamtbevölkerung aufweisen. Diese Verteilung lässt sich jedoch für alle, auch die zurückliegenden Jahrgänge gleichermaßen feststellen. Eine erhöhte Kriminalitätsbelastung ist somit jugendtypisch, nicht aber generationsspezifisch.

Täter sind vor allem männliche Kinder und Jugendliche, die häufig körperlich überlegen sind. Dabei werden typische Geschlechterrollenerwartungen sichtbar: Jungen lernen in ihrem Sozialisationsprozess Dominanz, Affektkontrolle und das Überspielen von Versagensängsten notfalls über Gewaltausübung. Wichtig ist auch die Erkenntnis, dass Opfer- und Tätersein einen Zusammenhang bilden: Diejenigen, die häufig geschlagen werden, sind auch überproportional auf der Täterseite zu finden (Stickelmann 2006). Dies kann mit erlernten und verinnerlichten Konfliktlösungsmustern sowie mit der Aufrechterhaltung von Traumata erklärt werden. Warum sind aber gerade Jugendliche so gewaltauffällig und was steckt dahinter?

Aggressionen- aggressives Verhalten – Aggressivität – Gewalt

Im Volksmund werden diese Begriffe meist synonym benutzt. Es ist nicht eindeutig zu klären, wann aggressive Verhaltensweisen oder Gewalt beginnen oder wie sich aggressives Verhalten und Aggressionen abgrenzen. Hier soll ein verständlicher Versuch dazu unternommen werden.

Aggressionen

Aggressionen können als elementare Affektzustände angesehen werden und sind nicht mit Verhalten zu verwechseln. Solche Affektzustände müssen nicht erlernt werden, sondern sie sind angeboren.

Ihre Veränderbarkeit durch Erfahrung (Lernen/Instruktion) ist sehr eingegrenzt. Affekte können unbewusst und bewusst auftreten, jedoch immer zeitversetzt: erst die unbewussten, dann die bewussten. Sie entstehen als eine Reaktion auf innere und äußere Einflüsse. Diese Affekte, die weitere Emotionen hervorrufen, bewegen uns zu einem bestimmten Verhalten. Allerdings resultiert nicht aus jedem aggressiven Gefühl aggressives Verhalten, sondern auch andere Verhaltensweisen, wie kreatives Verhalten, Lachen oder Rückzug. Der Umgang mit Aggressionen ist erlernbar. Aggressionen sind also noch kein Verhalten, sondern sie regen uns erst zu Verhalten an.

Aggressives Verhalten

Nach Nolting (2002) bewirkt aggressives Verhalten eine Schädigung (Verletzung, Schmerzen). Ab wann tritt aber eine Schädigung ein? Da Wahrnehmung individuell und von Erfahrungen, Bewertungen und Eichung abhängig ist, besitzt aggressives Verhalten keinen genau festlegbaren Anfangspunkt. Der Betroffene selbst muss beurteilen, wann für ihn eine Schädigung einsetzt. Dies käme dem Hooligan entgegen, der sich gerade mit einem anderen Hooligan freiwillig prügelt. Für ihn wäre es keine Schädigung (sondern Spaß und Thrill) und somit auch kein aggressives Verhalten. Mummendey (1982) erweitert deswegen die Definition aggressiven Verhaltens um den Aspekt der Normabweichung oder Unangemessenheit. Somit wird die Betroffenenperspektive um die Beurteilungsperspektive erweitert. Kann aber von einer Schädigung gesprochen werden, wenn jemand auf einen schießt und der Schuss daneben geht? Der Begriff der Schädigung muss dementsprechend noch um die Intention (Absicht/Zielsetzung) erweitert werden. Deswegen beinhaltet aggressives Verhalten neben der Schädigung auch den Schädigungsversuch oder die Schädigungsdrohung. Was bedeutet das aber bei einer Tötung aus Unzurechnungsfähigkeit? Es ist klar schädigendes Verhalten, allerdings ohne Absicht. Der Unzurechnungsfähige hat sicher nicht dieses Ziel. Daher kann der Begriff aggressives Verhalten eine Erweiterung um den Begriff der Gerichtetheit erfahren (Selg 1997). Bei aggressiven Verhaltensweisen stehen stark erlernte Handlungsmuster und Lebenseinstellungen im Vordergrund, die von klein auf vorgelebt und dementsprechend eingeübt wurden. Gab es dabei Erfolgserlebnisse, dann wurden diese immer wieder durchgeführt und somit als Verhaltensmuster angelegt. Als Modelle agieren dafür die Eltern, das Erziehungspersonal oder auch die Peergruppe. Diese inzwischen als Denkkonstrukte angelegten (nicht unbedingt realen) Lebenstheorien steuern entscheidend das eigene Verhalten. Warum sich ein Mensch für ein bestimmtes Verhalten aufgrund gewisser Reize entscheidet, hängt größtenteils von dem zu erzielenden Nutzen und seinen Bedürfnissen ab.

Aggressivität

Unter Aggressivität kann die Neigung zu aggressiven Verhaltensweisen angesehen werden, die sich schon bis zum Persönlichkeitsmerkmal (Persönlichkeitsstörung) entwickelt hat.

Gewalt

Schaut man sich aggressives Verhalten als Gesamtmenge an, so ist Gewalt der destruktivste Teil davon. Gewalt ist aggressives Verhalten – grenzt sich jedoch durch den Fakt ab, dass mit unangemessenem Zwang (Tillmann 2001) ab einem bestimmten Zeitpunkt der Willen und das Selbstbestimmungsrecht der angegriffenen Person ohne deren Zustimmung gebrochen wird (Selg 1997). Somit muss aber aggressives Verhalten nicht immer Gewalt sein.

Die Jugendphase

Da Gewaltverhalten primär ein Jugendproblem ist, soll hier auf die typischen Merkmale dieser Umbruchszeit eingegangen werden. Jeder Mensch möchte teilhaben an den Ressourcen wie Besitz, Macht und Prestige. Erfolge in diesen Bereichen erhöhen den eigenen Status und entwickeln damit Identität und Selbstbewusstsein. Auch Jugendliche möchten gern Sieger sein. Nickel (1975) beschreibt für diese Altersphase die typischen Phänomene und macht dadurch deutlich, welche Unsicherheiten im starken Konkurrenzdruck um Bildung, Arbeit und berufliche Qualifikation vorherrschen:

- Rollenunsicherheit und Statusungewissheit,
- affektive Labilisierung und Veränderung des Selbstbildes,
- Leistungsprobleme und geschlechtsspezifische Reaktionen,
- Probleme der Selbstorientierung und Konfliktbewältigung,
- Selbstzuwendung und Selbstreflexion mit einer Erweiterung des Erlebens und der Verinnerlichung auch in der Wahrnehmung anderer Menschen,
- Ablösung vom Elternhaus und Selbstständigkeitsbestrebungen,
- Entscheidungen über sexuelle Bindungen und deren Verhaltenseingliederung in eine allgemeine Lebensorientierung.

Trotz hoher Jugendarbeitslosigkeit, relativer Armut, des Mangels an Lebensperspektiven und differenzierten Freizeitverhaltens, Überforderung von Bezugspersonen, fehlender emotionaler Eingebundenheit in soziale Bezugsgruppen möchten Jugendliche ihre Kompetenzerfahrungen sammeln. Einigen Jugendlichen sind diese jedoch vorenthalten. Sie versuchen u. a. nicht erfahrene Kompetenzerlebnisse, Selbstwertprobleme, fehlende Freundschaften oder Frust durch unangemessene Handlungen zu kompensieren. Gewalt oder subkulturelles Ansehen können dies möglicherweise ausgleichen und kompensatorisch wirken. Trotzdem: Auch wenn Jugendliche noch das Anrecht haben, sich zu orientieren, so müssen wir den Rahmen dafür setzen, dass ihre Handlungen sozial verträglich bleiben.

Der Nutzen von aggressivem Verhalten für Jugendliche – anstatt der herkömmlichen Ursachenanalyse

Allzu oft versuchen wir die Probleme der Jugendlichen in ihrer Vergangenheit zu erforschen. Wir kramen in Kindheiten herum und versuchen, geschehene Dinge zu analysieren. Jedoch behindert das häufig die Fähigkeit der Konfliktlösung. Was würde es im Hinblick auf die heutige Problemsituation nutzen, wie oft beispielsweise unsere Klienten von ihren Vätern geschlagen worden sind? Welche pädagogischen Handlungsansätze können wir dadurch ableiten? Für die Gewalttäter können es andererseits willkommene Rechtfertigungsstrategien sein, um die eigene Verantwortung in die gesellschaftliche oder familiäre Ebene zu verschieben. Nicht damit zu verwechseln ist

die Behandlung der posttraumatischen Belastungsstörungen, die enorm wichtig ist, um die massiven körperlichen und psychischen Beeinträchtigungen verringern zu können. Das überwiegend im Gefühlsgedächtnis verankerte Trauma kann durch bestimmte Reize immer wieder ausgelöst werden, und somit ist es wichtig, das Erlebte neu zu verarbeiten und gleichzeitig die emotionale Erinnerung zu hemmen. Dazu hat gerade die Universität Göttingen (Dr. Jacobs) ein neueres psychotherapeutisches Behandlungskonzept vorgestellt. Nach Grawe u. a. (1999) sollte bei der Behandlung von unangemessenem Verhalten der Schwerpunkt auf aktuelle Motive, Gefühle und Lernstrukturen gelegt werden. Hierunter ist zu verstehen, dass dem Klienten die Bedeutungen seines Erlebens und Verhaltens im Hinblick auf seine bewussten und unbewussten Ziele und Werte klarer werden. An Beispielen ausgedrückt: Was bringt es dem Provokateur, wenn er schwächere Menschen beleidigt und demütigt? Selbstbewusstsein? Beliebtheit? Was bringt es ihm, wenn er andere Leute massiv provoziert? Frustabbau? Kompetenzerlebnisse? Was bringt es dem Täter, wenn er immer wieder in sein Opfer tritt, obwohl es schon wehrlos am Boden liegt? Überlegenheitsgefühl? Rache? Vergeltung? Diese Dinge und vor allem die dahinterstehenden Bedürfnisse müssen jugendliche Gewalttäter für sich herausfinden. Dementsprechend ist es wichtig, den Jugendlichen selbst erkennen zu lassen, welche realen Bedürfnisse und Einstellungen hinter seinem Gewaltverhalten stehen, um zu klären, was er mit seinem aggressiven Verhalten kompensieren möchte. Dann könnte an dem Ziel der wahren Bedürfnisbefriedigung gearbeitet werden. Dann bräuchte aggressives Verhalten nicht mehr zur Kompensation eingesetzt werden. Jedoch ist dies ein langer Prozess, der allzu schnell aufgegeben wird, wenn nach zwei Wochen keine Veränderung eingesetzt hat.
Nach der Konsistenztheorie gibt es vier Grundbedürfnisse des Menschen (Epstein 1991). Das sind die Bedürfnisse nach Orientierung und Kontrolle, nach Lustgewinn und Unlustvermeidung, nach Bindung und nach Selbstwerterhöhung bzw. Selbstwertschutz. Jeder Mensch strebt seine Ziele nach diesen Grundbedürfnissen an, um sie zur Befriedigung zu führen oder um sie zu schützen. Er entwickelt der Bedürfnisbefriedigung dienende Annäherungsziele und dem Schutz dienende Vermeidungsziele (motivationale At-

traktoren) und setzt Mittel ein, um diese Ziele zu erreichen. Gelingt das nicht (Inkonsistenz), werden alternative Mittel (z. B. aggressives Verhalten) eingesetzt.

Der Nutzen von aggressivem Verhalten besteht somit in:

- Erhöhung des Selbstbewusstseins (Kompetenzerlebnisse; Aufmerksamkeit; Statuserhöhung; Identitätsbildung; Durchsetzung egoistischer Bedürfnisse),
- Lustgewinn und Unlustvermeidung (unangenehme Gefühle abzubauen, wie Frust, Angst vor Blamage/Verlust/Niederlage; vorbeugende oder reagierende Schutzfunktion),
- Erfahrung von Kontrolle und Orientierung (Macht und Sicherheit erleben),
- Bindungsbedürfnis (Ausgleich von Einsamkeit; Gruppenzugehörigkeit; Beachtung).

Die dahinterstehenden Gefühlswünsche streben interessanterweise nach Zuneigung, Wertschätzung, Liebe und Gemeinsamkeit bzw. nach Ausgeglichenheit, innerem Frieden und Unversehrtheit. Es ist erkennbar, dass genau entgegengesetzte Bedürfnisse aggressivem Verhalten gegenüberstehen. Wenn jetzt am aggressiven Verhalten gearbeitet werden soll, dann müssen Angebote zur wahren Bedürfnisbefriedigung gemacht werden. Diese Jugendlichen bräuchten logischerweise aggressives Verhalten nicht mehr so existenziell. Allerdings müssen wir ihnen erst die Zusammenhänge übersetzen!

Der Handlungsablauf in Extremsituationen

Wie kommt der Mensch zu einer Verhaltensreaktion? Die nachfolgenden Ausführungen (orientiert an Kaufmann 1965) sollen Aufschluss über die inneren Vorgänge und deren prozessuale Abläufe geben.

Wahrnehmung

Zuerst wird die Situation wahrgenommen. Wahrnehmung ist der Prozess der Sinnerfassung und erstreckt sich vom Empfinden bis zur Bewertung. Unser Gehirn versucht im Gedächtnisspeicher herauszufinden, ob ähnliche Erfahrungswerte schon gesammelt wurden oder nicht (Routineverstand). Ist die Situation eher bedrohlich, dann können die Emotionen nicht die komplexe Informationsverarbeitungsschleife durch unser Erinnerungsgehirn durchlaufen, und es entstehen erfahrungsarme Kurzschlussinterpretationen. Somit finden die Bewertungen nicht kognitiv, sondern rein emotional statt und zwar schon lange, bevor wir sie überhaupt rational zur Kenntnis genommen haben. In meinen Anti-Gewalt-Seminaren spreche ich dann vom direkten Zugriff des »Urmenschengehirns« unter Umgehung unseres Lern- und Denkhirns. Je nachdem, wie wir die Situation nun einschätzen und wie wir alles verarbeiten, entstehen in uns Absichten oder Wünsche, sich auf diese Situation in irgendeiner Form einzulassen oder nicht. Das Großhirn unter Mitwirkung des emotionalen Systems muss nun einschätzen, ob der intern für vertretbar empfundene Wunsch jetzt und mit den derzeit zur Verfügung stehenden Mitteln realisiert werden kann (Kompetenzzutrauen). Ein selbstbewusster Mensch mit Handlungskompetenz würde sein Ansehen als weniger gefährdet ansehen. Bei einer stressigen Situation wird dies wie beschrieben umgangen und es kommt zu einer kürzeren und oberflächlicheren Bewertung. Je nach Einschätzung würde jetzt eine Handlung ausgewählt werden.

Handlungsauswahl

Je weniger die Situation Stress in uns hervorruft, desto größer sind die abzurufenden Handlungsmöglichkeiten, und die Reaktion wird der Situation angemessen sein (erlernte Konfliktlösungsmuster). Und je emotionaler die Situation erlebt wird (Urmenschengehirn), desto mehr wird sich auf eingeschliffene Verhaltensweisen verlassen werden. Dies sind meist angeborene Konfliktlösungsmuster (Angriff oder Verteidigung, Flucht sowie Unterordnung). Es wird also eine Handlung ausgewählt, eine, mit der wir gut vertraut sind.

Hemmpotenziale

Bedingt dadurch, ob Hemmungen gegenüber der ausgewählten Handlung vorhanden sind oder nicht, wird der Handlungsablauf weiter fortgesetzt oder es wird eine neue Handlung ausgesucht. Die Hemmpotenziale sind von der moralischen Entwicklung und den vorhandenen Einstellungen und Werten abhängig. Dementsprechend kann bei starken Emotionen oder bei viel Alkohol zu aggressiven Verhaltensweisen tendiert werden, da diese Einflussfaktoren unsere Hemmschwellen stark herabsetzen.

Konsequenzen der Handlung

In Zusammenarbeit versuchen nun das limbische System und das Großhirn vorwegzunehmen, was passieren könnte, wenn die ausgesuchte Handlung durchgeführt werden würde. Erfahrungen, Gefühle und situative Abschätzungen werden entscheiden, ob die ausgewählte Handlung Erfolg versprechend sein würde oder nicht. Beeinflusst davon, wie wir die ausgewählte Handlung einschätzen (Belohnung, Nutzen), werden wir uns eine neue Handlung aussuchen oder jetzt endlich handeln. Motivationspsychologisch wird unser Verhalten durch diese zu erwartende Konsequenz gesteuert. Das bedeutet wiederum, dass das Verhalten einen gewissen Nutzen für uns haben soll, ansonsten würden wir es nicht ausführen. Dieser beschriebene Handlungsprozess dauert in der Realität den Bruchteil einer Sekunde. Durch Reflexion können wir unser inneres System kennen lernen und verändern und nehmen somit auf unseren innerlich geleiteten Willen positiven Einfluss. Somit sind wir auch immer für unser Wirken verantwortlich. Die Grundstrukturen unserer Persönlichkeit werden zwar nicht mehr groß verändert, aber wir lernen, unsere Bedürfnisse und Handlungsantriebe den gesellschaftlichen Verhältnissen so anzupassen, dass sich eine weitgehende Verwirklichung unserer Wünsche und Pläne bei minimalen sozialen Konflikten ergibt. Menschen können aus eigenen Kräften ihre Persönlichkeitsstruktur nicht ändern, aber sie können aus eigenen Kräften dafür sorgen, dass ihre Persönlichkeit und ihre Verhaltensweisen sich möglichst gut mit den sozialen Gegebenheiten vertragen.

3. Umgang mit Aggressionen und aggressivem Verhalten
(nach Stefan Werner)

Abbau von Aggressionen

Da Aggressionen zu aggressivem Verhalten führen können, ist es wichtig zu wissen, wie man mit diesen Emotionen umgeht. Geht es um abreagieren, verdrängen oder unterdrücken? Wie können sie verringert werden? Laut Forschungsergebnissen heißt es ganz klar ausgedrückt: NEIN zum Abreagieren von aggressiven Gefühlen und Verhaltensweisen! Durch das Abreagieren würden vielmehr stimulierende sowie lern- und erfolgsorientierte Effekte auftreten. Man fühlt sich zwar anschließend besser, aber es wäre nur eine emotionale Erleichterung. Das bessere Gefühl hat nichts mit Aggressionsabbau zu tun, sondern damit, dass unser Selbstwertgefühl wiederhergestellt ist. Meist bleiben das Aggressionsbedürfnis, die Schuldgefühle oder der Ärger über das eigene Verhalten bestehen. Die gereizten Stimmungen können durch gewisse Aktivitäten, wie Kraftsport oder Boxen, zwar verringert werden, jedoch wirken neutrale Aktivitäten ebenso.

Es gibt zwei typische Möglichkeiten, Aggressionen abzubauen. Die für uns einfachste und effizienteste ist, dass wir andere Menschen in ihrem Selbstwert erfolgreich behindern. Jugendliche beleidigen, lachen aus, lästern, schlagen, grenzen aus oder verleumden, nur um unangenehme Gefühle auf andere Menschen abzuschieben. Dies funktioniert mühelos, ohne denken zu müssen. Das geschieht »aus dem Bauch heraus«, schnell und effizient. Lerntheoretisch gesehen wird dieses Verhalten (negativ) verstärkt und somit belohnt. Es geht einem dadurch besser. Das Problem dabei: Es geschieht auf Kosten von anderen Menschen, die dadurch möglicherweise Schaden nehmen (Depressionen, geringes Selbstwertgefühl, Schulunlust usw.). Deswegen sollte auf eine mühevollere Art des Emotionsabbaus gesetzt werden. Erfolg beim Abbau von aggressiven Gefühlen wird genauso durch die zwischenmenschlich sinnvolle Problemlösung und die offene Kommunikation über das Erfahrene erzielt. Dies beinhaltet, die empfundenen Gefühle und Bedürfnisse an- und auszusprechen (z. B. durch Ich-Botschaften und Gespräche). Dafür müssen aber erst einmal die eigenen Gefühle wahrgenommen und die eigene Impulskontrolle (z. B. tief durchatmen und nicht gleich ausrasten) beherrscht werden. Es ist wichtig zu lernen, sich selbst zu kontrollieren, um die effizientere gegen die mühsamere Art austauschen zu können.

Veränderung von aggressiven Verhaltensweisen

Aggressives Verhalten ist die stabilste Form von auffälligem Sozialverhalten. Es hat gerade für Jugendliche eine hohe Bedeutung. Manchmal glauben wir jedoch in unserer pädagogischen Omnipotenz, diese Verhaltensweisen durch ein Gespräch verändern zu können, und sind dann erbost, dass der Jugendliche uns nicht ernst nimmt und nicht auf uns hört. Allzu leicht wird vergessen, dass wir uns erst in einen pädagogischen Prozess hineinbegeben müssen, um diese tief verankerten Verhaltensweisen verändern zu können. Bedenken wir immer, dass wir Kinder oder Jugendliche vor uns haben, die größtenteils zwischen 100.000 bis 150.000 Stunden Sozialisation hinter sich haben. Ihre Verhaltensweisen und Konfliktlösungsmuster sind eingeschliffen und fest verankert. Jetzt kommen wir mit einem gut gemeinten Gespräch und erhoffen uns, dass dadurch alles anders wird. Das ist pädagogisch unprofessionell! Helfen können da didaktisch gut ausgearbeitete Gewaltpräventionsprogramme (primäre, sekundäre oder tertiäre), die genau an den Punkten des oben beschriebenen Handlungsprozesses ansetzen. Dementsprechend werden in unseren bewährten Gewaltpräventionsprogrammen in folgenden Bereichen besondere Schwerpunkte gesetzt:

- Wahrnehmung (Selbst- und Fremdwahrnehmung, Innen- und Außenwahrnehmung unter Stress)
- Umgang mit Gefühlen (Ausdrücken von Gefühlen, Sinn von Gefühlen, Mut zu Gefühlen)
- Selbstsicherheit (Erhöhung des Selbstwerts, des Selbstvertrauens und des Selbstbewusstseins)
- Handlungskompetenzerweiterung (Deeskalationstraining und Konfliktmanagement)

- Erhöhung der Hemmpotenziale gegen Gewaltverhalten (Erzeugung von Einstellungen gegen Gewalt)
- Empathie (Verringerung von Egoismus, Umgang mit Gefühlen, sich auf andere einlassen)

Die konfrontative Methodik in der Pädagogik

Nach Rogers (1972) Theorie der Selbstheilung schaffen wir nur die Bedingungen zur Veränderung. Die Veränderung bewirkt der Klient selbst. Somit trägt jeder das Potenzial zur Selbstverwirklichung in sich. Wir versuchen zu helfen, dieses Potenzial freizusetzen. Die Verhaltensaneignung und das Anlegen von Denkmustern sind jedoch lebenslange Prozesse und die elementarsten davon werden in den jüngeren Jahren in der Persönlichkeit starr eingebettet. So ist es verständlich, dass die erlernten Denkkonstrukte für jeden als normal angesehen werden und Sicherheit geben. Anhand der erlernten Lebenstheorien versucht der Mensch, die Welt nach seinen Maßstäben zu lenken. Je unangemessener seine Lebenstheorien sind, desto mehr Schwierigkeiten bekommt er immer wieder mit seiner Umwelt und benötigt viel Energie, seine Lebensweltteorien aufrechtzuhalten. Abweichende Verhaltensweisen können oft dazu beitragen, diese umzusetzen. Aufgabe der Pädagogik ist es jedoch, diese jungen Menschen auf den angemessenen Weg zu bringen. Eingeschliffene und starre Denkmuster müssen diesbezüglich bewusst gemacht und positiv verändert werden. Mit empathischen Gesprächen wird gerade bei aggressiven Jugendlichen die Bereitschaft zur Verhaltensveränderung nicht unbedingt hervorgerufen. Da, wo diese Bereitschaft zur Mitarbeit nicht vorhanden ist und zusätzlich Leid bei anderen Menschen erzeugt wird, sollten eher konfrontative Methoden angewandt werden. Diese beschleunigen oft Prozesse zur Findung des realen Selbst (Wahrheit) und helfen in der Orientierung. Sie geben ein Mehr an Klarheit und Verbindlichkeit von Grenzen und Normen. Treten Mehrfachauffälligkeiten auf, auch wenn sie von geringerer Intensität sind, sollte interveniert werden. Möchten Sie Ihre Intervention erfolgreich durchführen, ist es wichtig, klar und unmissverständlich aufzutreten. Versuchen Sie jedoch vorher für sich einschätzen, ob diese Methode angemessen ist, ob Sie ihr

gewachsen sind und ob sie Ihnen überhaupt liegt. Zudem ist die konfrontative Methodik ja auch in verschiedenen Abstufungen durchführbar. Sie muss nicht hart und laut sein, wie es die gängige Meinung nahelegt. Die »klare Linie mit Herz« (Weidner 2001) sollte die Grenzsetzungsbereitschaft, die Bereitschaft, Konflikte einzugehen, die Struktursetzung und die konsequente Intervention beinhalten. Diese Methodik sollte nicht nur als Ultima Ratio verwendet werden, sondern schon frühzeitig bei kleinen Dingen einsetzen, damit »Großes« später nicht passieren kann.
(Angaben zur Person Stefan Werner siehe S. 33)

Kapitel IV

Hinschauen
statt wegsehen

1. Das Krisenteam zwischen Hilfestellung und Sanktionierung

Von der Schwierigkeit einer Beurteilung der Gefährdungslage und dem Umgang mit »auffälligen« Schülern

Für den Tag X haben Bildungsministerium, Polizei und schulpsychologischer Dienst in Rheinland-Pfalz (wie in anderen Bundesländern) einen »Leitfaden für die Krisenintervention« erarbeitet, der bereits 2007 an alle Schulen verteilt wurde. Kernpunkte sind die Bildung eines schulinternen Krisenteams und die Erstellung eines Krisenplans. Parallel wurden und werden Sicherheitskonferenzen für Schulleitungen und Studientage für das Kollegium angeboten. Die enge Zusammenarbeit zwischen Schule und Polizei ist für eine professionelle Gefährdungsbewertung und die adäquate Umsetzung eines Maßnahmenkonzepts wichtig, um bei ersten Anzeichen zeitnah reagieren zu können.

Neben der Bildung eines interdisziplinären Krisenteams und der Erstellung des Krisenplans (Alarmierung, Verhaltensstrategien und Kommunikationswege im Ernstfall) sollten auch technische Sicherungsmöglichkeiten geprüft werden. Da die Bausubstanz und die technischen Einrichtungen der Schulen sehr unterschiedlich sind, kann man umsetzbare Lösungen nur bei den »Gebäudebegehungen« erkennen. Wichtigste Aufgabe ist und bleibt jedoch die Einrichtung eines Krisenteams und die Erstellung eines Krisen(kommunikations)plans mit der zuständigen Polizeidienststelle, den Rettungsdiensten und dem Schulträger. Die in den Krisenplänen beschriebenen Verhaltensstrategien möchte ich hier bewusst nicht veröffentlichen, da auch ein potenzieller Täter diese bei der Planung seiner Tat berücksichtigen könnte.

Ein Krisenteam wird in der Regel kurzfristig einberufen, wenn mehr oder weniger konkrete Hinweise auf einen geplanten Amoklauf bekannt werden – von entsprechenden »Botschaften« auf Schulwänden, an Bushaltestellen, aus Gesprächen mit Gleichaltrigen bis hin zu konkreten Ankündigungen im Internet. Das Team wird nach Beurteilung der Lage weitere Informationen sammeln und z. B.

durch Befragung von Schülern mehr über den genauen Wortlaut eines Gesprächs erfahren, die Situation (den Auslöser) für die Aussagen beleuchten und zeitnah über das weitere Vorgehen entscheiden. Es soll Krisenteams geben, die selbst bei akuten Verdachtsfällen zunächst abwarten möchten. Worauf? Das was passiert? Ich habe kein Verständnis, wenn der »Leitfaden zur Krisenintervention« in die hinterste Ecke der Schulbibliothek seit zwei Jahren einstaubt und erst unmittelbar nach einem Amoklauf (hoffentlich nicht an der eigenen Schule) wieder »das Licht der Welt erblickt«.

»Threat Assessment Team« nennt Rebecca Bondu ein multidisziplinäres Team, das Frühwarnzeichen erkennen und zeitnah reagieren kann. Ein Leaking-Beauftragter soll alle Informationen sammeln und mit dem Team auswerten. Wenn sich der Anfangsverdacht erhärtet, müssten weitere Personen, die einen »Auffälligen« kennen, mit zu Rate gezogen werden. Dies macht meines Erachtens auch Sinn.

Es liegt in der Natur der Sache, dass eine Bewertung der Früherkennungssignale schwierig ist. Sind erste Andeutungen ernst oder harmlos? Der Begriff *harmlos* wird jedoch meines Erachtens ad absurdum geführt, denn auch die Ankündigung im Spaß muss Konsequenzen nach sich ziehen.

Im Rückblick einer Tat tauchten immer wieder Verdachtsmomente auf, die »nicht ernst genommen« wurden. Es waren oft zunächst banal erscheinende Andeutungen gegenüber Gleichaltrigen. Amokforscher benutzen für erste Anzeichen den Begriff Leaking (engl. »to leak« = (leck)schlagen, durchsickern). Viele Amokläufer hatten in Gesprächen und Telefonaten mit Mitschülern (oder »Gleichgesinnten«) »schon mal darüber gesprochen«. Dies wird auch im Fallbeispiel 3 deutlich. Peter und Paul suchten »Verbündete« für den Amoklauf und schilderten Mitschülern ihre Tatfantasien. Nachdem diese eine Beteiligung ablehnten und sich den Eltern anvertrauten, konnten wir durch die gute Reaktion des Lehrers und der Schulleiterin rechtzeitig eingreifen und vermutlich einen Amoklauf verhindern.

Die Analyse bisheriger Amoktaten an Schulen weist hinsichtlich Verhalten, Persönlichkeitsstruktur, Familie und anderen verstärkenden Risikofaktoren deutliche Parallelen auf. Da viele Amokläufer »unauffällig«, nie gewalttätig und »eigentlich sehr friedlich« waren, ist eine Einschätzung, ob der Schüler überhaupt fähig ist, schwere zielgerichtete Gewalt bis hin zu einem Amoklauf auszuüben, natürlich schwierig. Aber es waren meist diejenigen, denen man es nie zugetraut hätte und nicht die »mit dicken Armen und Rasierklingen unter den Armen«, die keiner körperlichen Auseinandersetzung aus dem Weg gehen. Besonders diese »Unauffälligkeit« ist das Unterscheidungsmerkmal zu den »offenen« Formen von Jugendgewalt.

Eine Amoktat hat zahlreiche, sich gegenseitig beeinflussende Ursachen. Neben Persönlichkeitsstörungen erhöhen weitere Risikofaktoren den Entschluss für einen Amoklauf. Dieser wird nicht spontan begangen, sondern alle Täter planen ihre Tat über einen sehr langen Zeitraum. Die Planungsphase hinterlässt meist Spuren, die wir aber oft nicht erkennen (wollen).

Daher müssen wir einen zweiten Blick wagen und mit anderen über die eigene Wahrnehmung reden. Bin ich zu sensibel? Nimmst du den/die auch so wahr? Weißt du mehr über seine Familie, Freunde? Insofern bin ich der Überzeugung, dass man bei jedem Anfangsverdacht handeln muss. Früherkennungssignale bieten uns eine Chance zur rechtzeitigen Krisenintervention und sollten daher künftig mehr Beachtung finden. Dabei bergen sie natürlich immer die Gefahr, dass wir im Einzelfall »überzogen« reagieren. Aber:

> Eine angemessene Reaktion ist immer noch besser,
> als sich beim Anblick der Toten
> die Frage stellen zu müssen,
> warum nicht früher reagiert wurde.

Speziell geschulte Polizeibeamte können bei konkreten Verdachtsmomenten eine Gefährderansprache durchführen und weitere strafprozessuale Maßnahmen einleiten. Bei diesen Ansprachen wurde festgestellt, dass den jungen Menschen meistens gar nicht bewusst war, welch starke Ängste sie auslösen und welche (strafrechtlichen) Konsequenzen ihr Verhalten nach sich ziehen kann. Die »Gefährderansprache« ist insofern ein geeignetes Instrumentarium und hat Signalwirkung auf andere Schüler, die vielleicht mit dem Gedanken spielen »*etwas Unruhe zu stiften*«.

Auch bei einer nicht ernsthaft gemeinten Ankündigung ist »Schluss mit lustig«.

Aber welche Signale können wir erkennen? Die meisten Informationen erfahren Sie über Gleichaltrige. Vielleicht sollten Sie auch versuchen, sich in die Rolle des »Auffälligen« zu versetzen.
Auf der Basis der erkannten Gemeinsamkeiten habe ich einen kurzen, nicht abschließenden Fragenkatalog mit Früherkennungssignalen erstellt.
Beachten Sie bitte, dass diese Indikatoren nicht ausschließlich Verdachtsmomente für einen bevorstehenden Amoklauf sein können, sondern auf Probleme von Schülern in hoffnungslosen Situationen hinweisen. Je mehr Indikatoren wir bei einem jungen Menschen vermuten, desto intensivere Maßnahmen sollte das Krisenteam anbieten und bei konkretem Verdacht über die »Gefährderansprache« hinaus reagieren.
Konstruktive Gespräche sind eine wichtige Voraussetzung für den echten Erfolg einer frühen Krisenintervention.
Da jeder Fall individuell beurteilt werden muss, kann man keine abschließende Checkliste erstellen, aber erste sichtbare Früherkennungssignale könnten auf geplante Gewalttaten (bis hin zum Suizid) hinweisen.
Der folgende Fragenkatalog soll eine erste Orientierungshilfe sein, im konkreten Einzelfall etwas mehr Licht in das Dunkel zu bringen.

2. Früherkennungssignale bei »Auffälligen«

Ein Fragenkatalog mit Indikatoren als erste Orientierungshilfe

A NDEUTUNGEN ?

M ILITÄR – WAFFEN – KLEIDUNG ?

O PFER ?

K RANKHEIT/KRÄNKBARKEIT?

V ERHALTEN ?

E LTERNBEZIEHUNG ?

R ÜCKZUGSTENDENZ ?

D ROHUNGEN ?

A USGRENZUNG ?

C OMPUTERSPIELE/INTERNET ?

H ASS ?

T ATVORBEREITUNG ?

ANDEUTUNGEN?

Hat der »Auffällige« gegenüber Gleichaltrigen bereits Andeutungen gemacht und/oder sogar konkrete Tatfantasien beschrieben?
Gibt es ein erkennbares Motiv, das Auslöser für die Äußerungen gewesen sein könnte?
Gegenüber welchem Personenkreis wurden (in welcher Situation, mit welchen Worten) Andeutungen gemacht?
Hat er beliebte Mitschüler gewarnt (siehe Fallbeispiel 3)?
Sind Andeutungen in Form von Zeichnungen, Graffitis, Briefen, sonstigen schriftlichen Äußerungen, Bemerkungen im Internet und/oder Tagebuchaufzeichnungen bekannt?

MILITÄR – WAFFEN – KLEIDUNG?

Zeigt der »Auffällige« ein starkes Interesse an Waffen?
Hat er anderen Schülern bereits Waffen gezeigt?
Benutzt er Softairpistolen (Gotcha, Paintball-Spiele)?
Sind Schießübungen (auch am PC!) bekannt?
Wie hat er sein »Kinderzimmer« plakatiert?
Hat er Zugang zu Waffen im Elternhaus/in der Familie?
Sammelt er Zeitungsartikel, Filmreportagen über Amoktaten und Fotos, auf denen sich junge Männer in einem Kampfoutfit zeigen, und bewundert deren Taten?
Kleidet er sich militärisch, auffällig schwarz (Mantel/Handschuhe) mit Satanismussymbolen?

> Anmerkung:
> Viele Amokläufer zeigten ein ausgeprägtes Interesse an Waffen, Militäreinsätzen und kriegerischen Ereignissen. Die Schusswaffen waren oft in legalem Besitz der Väter und meist unzureichend gesichert. Die Täter hätten vermutlich keine Möglichkeit gehabt, sich Schusswaffen und Munition auf anderem Wege (z. B. im kriminellen Milieu) zu besorgen.

Anmerkung:
Obwohl Amokläufer Einzelgänger sind und keiner Subkultur (Gothic*, (Black) Metal* u. a.) angehören, trugen einige bereits vor der Tatausführung auffällige Kleidungsstücke.

OPFER?

Wird der »Auffällige« von der Klasse gemobbt? Warum?
Wie reagieren Sie, wenn Sie dies erkennen?
Wie schätzen Sie Ihre Wirkung auf den Schüler ein?
Wird er ausgenutzt (Hausaufgaben für andere machen, abschreiben lassen, mit Einladungen und Geschenken »Freundschaft erkaufen«)?

Anmerkung:
Experten bezweifeln zwar, dass spätere Täter in der Schule durch Schüler oder Lehrer außergewöhnlich stark ausgegrenzt oder gemobbt wurden. Dennoch sollten wir bedenken, dass das Opfer (und der »Auffällige« fühlt sich in der Situation schwach und hilflos) für sich entscheidet, was er als Gewalt empfindet. Die Einschätzung des Umfelds ist zweitrangig.

KRANKHEIT/KRÄNKBARKEIT?

Ist der Schüler in psychotherapeutischer Behandlung?
Wie reagiert er auf »Verletzungen im Unterricht« durch Lehrer und Mitschüler?
Wie erleben ihn seine Mitschüler?
Wie reagiert er auf Abweisungen von Mädchen?
Ist er schnell »beleidigt«?

Anmerkung:
Einige Amokläufer recherchierten im Internet über psychische Krankheitsbilder und stellten eine Eigendiagnose, andere wiederum sollen sich ihren Eltern anvertraut haben und viele waren bereits

seit längerer Zeit in psychotherapeutischer Behandlung. Amokläufer erlebten bereits »normale Auseinandersetzungen« als schwere Kränkungen. In meinen Projekten möchte ich insbesondere Schüler (und Lehrer) dafür sensibilisieren, die Situation aus dem Blickwinkel eines »Gekränkten« zu betrachten. Gleichaltrige erkennen früher die Auswirkungen von Mobbing, und wir sollten sie daher ermutigen, sich vertrauensvoll an erwachsene Personen zu wenden, wenn ein Mitschüler sich entsprechend äußert oder »komisch verhält«.

VERHALTEN?

Wie wirkt der Schüler im Unterricht auf Sie?
Ist er meist gedanklich abwesend?
Welche Rolle spielt er in der Klassengemeinschaft?

Anmerkung:
Die meisten Amokläufer wurden als ruhig, unauffällig und »schwer zugänglich« beschrieben. Sie erhielten gute Noten im Benehmen, weil sie »immer brav« waren.

ELTERNBEZIEHUNG?

Wie schätzen Sie die (emotionale) Beziehung zu den Eltern ein?
Wie ist der Kontakt zu den Geschwistern?
Sind die Erwartungen der Eltern an schulische Leistungen identisch mit den intellektuellen Möglichkeiten?
Wie konsequent sind die Eltern in der Erziehung?
Sind die Eltern für Sie »erreichbar«?
Könnten Sie mit den Eltern über Ihre Feststellungen reden?
Wie stellt sich die Beziehung zum Vater dar (nur über die gemeinsame Leidenschaft zu Waffen)?
Kennt der Schüler eine Person, der er sich bedingungslos anvertrauen könnte?

Anmerkung:
Familien gehören meist der Mittelschicht an. Trat ein problematisches Verhalten auf, wurde es »von Weltmeistern im Verdrängen unter den Tisch gekehrt«. Viele Täter waren finanziell zwar gut versorgt, aber meist fehlte es an emotionaler Zuwendung im Elternhaus.

RÜCKZUGSTENDENZ?

Ist der »Auffällige« unauffällig und brav?
Wirkt er eher still, zurückgezogen und ängstlich?
Stellen Sie fest, dass sich der Jugendliche immer mehr verschließt und auf Ansprache nicht reagiert?
Sind arrogante Äußerungen gegenüber Mitschülern bekannt?
Hat er einem Mitschüler seine momentan »ausweglose« Situation geschildert?

Anmerkung:
Amoktäter nehmen die Umwelt verzerrt wahr und bei vielen wurde ein »auffälliger« Rückzug festgestellt. Wenn sie verbal konterten, waren es meist herablassend arrogante Äußerungen gegenüber Gleichaltrigen. Die Beurteilung ist natürlich schwierig, wann ein Rückzug in der pubertären Phase normal ist und wo die »Auffälligkeit« beginnt.

DROHUNGEN?

Wurden Mitschüler mündlich oder schriftlich bedroht?
Wurden Drohungen gegenüber Lehrern ausgesprochen?
Hat der Jugendliche suizidale Gedanken geäußert oder gar konkret eine Selbsttötung in Erwägung gezogen?

Ausgrenzung?

Fühlt der »Auffällige« sich ausgegrenzt bzw. wird er ausgegrenzt?
Fühlt er sich (immer wieder) ungerecht behandelt?
Wie behandeln ihn die anderen?
Ist er »Luft« für seine Klassenkameraden?
Auf welchem Wege sucht er (vergeblich) Anerkennung?

<ins>Anmerkung:</ins>
Das Gefühl von Ausgrenzung war einer der Indikatoren bei jugendlichen Amokläufern. Nach dem Amoklauf im Gymnasium Anspach wurde bei Gregor R. ein Testament mit dem Eintrag »Apocalypse today« gefunden. Als einen der Gründe für seinen Hass soll er genannt haben, dass er sich ungerecht behandelt und ausgegrenzt fühle.

Computerspiele/Internet?

Verbringt der »Auffällige« die meiste Zeit am PC mit »Killerspielen«?
Gibt es Hinweise auf verdächtige Botschaften im Internet?
Recherchiert er im Internet nach Berichterstattungen über Amokläufe, Selbstmordanschläge, Kriegsmassaker etc.?
Versucht er im Internet mehr über psychische Krankheitsbilder zu erfahren?

<ins>Anmerkung:</ins>
Amoktäter verfügten zum Teil über enorme Treffsicherheit. Diese ist nicht nur durch ein »Schusswaffentraining«, sondern auch durch zeitintensive Beschäftigung mit Ego-Shooter-Spielen zu erreichen. Da diese Spiele eine reale Teilnahme an Kampf- und Tötungshandlungen suggerieren, nutzten Täter diese Computerspiele als digitales Schießtraining.

HASS?

Haben Mitschüler eine »nicht greifbare« Angst, weil der »Auffällige« ihnen »irgendwie komisch« erscheint?
Warum könnte sich sein Hass entwickelt haben?
Gegen wen könnten sich seine Aggressionen richten?
Wer ist gefährdet und könnte als Opfer infrage kommen?

Anmerkung:
Ein (oft unbemerkter) Hass gegen Lehrer kann sich auch entwickeln, wenn der »Auffällige« das Gefühl hat, dass der Lehrer nicht einschreitet, wenn der »Auffällige« gemobbt wird, sich vielleicht sogar an den Hänseleien beteiligt.

TATVORBEREITUNG?

Hat der »Auffällige« Vorbereitungshandlungen getroffen?
Wurde bereits eine Strategie entwickelt?
Hat er schon für den Ernstfall »geprobt«?

Einige Fragen mögen Ihnen auf den ersten Blick merkwürdig erscheinen. Dabei sind diese nicht so abwegig, wenn Sie mit Mitschülern ins Gespräch kommen (siehe Fallbeispiel 6). Natürlich werden nicht alle »Auffällige« automatisch zu Amokläufern. Einige rasten aber auf andere Weise aus. Bei einer Anhäufung der »Früherkennungssignale« sollte daher immer eine Reaktion erfolgen. Man muss im Einzelfall prüfen, welche Interventionsmöglichkeiten in der Bandbreite zwischen Hilfsangeboten und adäquaten Sanktionen angemessen sind.
Nach Prüfung dieser Fragen sollte sich das Krisenteam gemeinsam mit dem Jugendsachbearbeiter/Kontaktbeamten der Polizei über weitere Maßnahmen unterhalten:

- Kann man mit dem Schüler in einem vertrauensvollen Gespräch die Sache klären?
- Wer hat einen »guten Zugang«?

- Für welche Argumente ist er zugänglich?
- Wie erlebt der Auffällige die momentane Situation?
- Was müsste sich verändern, um ihm zu helfen?
- Was kann er selbst dazu beitragen?
- Was wünscht er sich von den anderen?
- Sind neben der »Gefährderansprache« weitere polizeiliche Maßnahmen erforderlich?
- Ist ein sofortiges (polizeiliches) Handeln zur Gefahrenabwehr erforderlich?

Wenn Sie tiefer in das Thema einsteigen möchten, empfehle ich Ihnen das Buch »Amok« von Britta Bannenberg, Gütersloh 2010.

Kapitel V

Handeln
statt resignieren

Die Stärkung von Zivilcourage, Vermittlung gewaltfreier Konfliktlösungsstrategien und Förderung sozialer Kompetenzen sind erklärte Ziele gewaltpräventiver Projekte. Diese Ziele können wir aber nur erreichen, wenn kontinuierlich an diesem Thema gearbeitet wird. Auf einen einzigen Tag begrenzte Schulaktionen sind noch nicht einmal der berühmte Tropfen auf den heißen Stein. Hier ersetzt oft eine operative Hektik die geistige Windstille, und bei diesem Aktionismus geht es letztendlich nur darum, sich in den regionalen Medien öffentlichkeitswirksam zu präsentieren.

Ein Schulalltag ohne gewalttätige Auseinandersetzungen ist zwar ein hehres Ziel, aber illusorisch. Daher sollten Sie realisierbare Möglichkeiten anstreben, um nicht zu resignieren.

Wir brauchen keine neuen Konzepte, sondern es gibt genügend praxiserprobte Projekte. Externe Fachdisziplinen können jedoch nur »so gut sein«, wie sie von Lehrern und Schulsozialarbeitern unterstützt werden. Nach meinen Erfahrungen können wir im Klassenverband eine konstruktive Diskussion über Ursachen, Formen und Auslöser von Gewalt führen. Wir wollen Kinder und Jugendliche schützen, damit sie (über das normale Maß hinaus) weder Opfer noch Täter werden. Dazu bedarf es einer Bündelung aller Kräfte und einer ständigen und intensiveren Zusammenarbeit zwischen Elternhaus, Schule, sozialen Fachkräften und der Polizei. Denn nur gemeinsam sind wir stark, wie – mit Ausnahme der Amokläufer – die meisten Täter übrigens auch (!).

Bei den Projekten lernen Lehrer die Schüler in einem anderen Kontext kennen. Deshalb ist es wichtig, dass Lehrer sich freiwillig für das Projekt entscheiden. Es hat also keinen Zweck, wenn die Schulleitung ein Projekt für die vierzügige Klassenstufe anordnet, obwohl ein Lehrer »mit dem Thema nichts anfangen kann«. Aber Lehrer (meist Frauen) sind oft Einzelkämpfer oder Einzelkämpferinnen. Daher ist auf Schulebene sowohl ein Konsens über Freiräume für gewaltpräventive Projekte als auch ein konsequenter Umgang mit Gewalt erforderlich.

Jugendliche spüren bei den Projekten »am eigenen Leib«, wie schnell man andere auch mit Worten verletzen kann. Die meisten sind nicht damit einverstanden, wenn einer der Mitschüler extrem gemobbt wird. In den Projekten lernen sie, dass sie gemeinsam stark sind, sich nicht »hinter der Klasse verstecken«, keine »Mitläufer« bleiben, sondern eine klare Haltung gegen Gewalt einnehmen sollen.

Nach meinen Erfahrungen nehmen die meisten Jugendlichen positiv wahr, wenn Lehrer mit ihnen diesen Problembereich thematisieren.

Wenn wir Schüler gefühlsmäßig erreichen, finden sie auf eine andere Art Anerkennung, da sie in diesem Projekt »ihren Wert« nicht über Noten definieren müssen. Sie reflektieren ihr Verhalten gegenüber Gleichaltrigen, werden die alltägliche Gewalt kritischer betrachten und künftig (mehr) Verantwortung übernehmen und einem Opfer helfen.

Die Förderung der Empathie steht im Vordergrund der methodischen Schritte. Jugendliche wissen, dass man niemanden körperlich angreifen muss, um ihn zu verletzen.

Ich weiß genau,
auf welchen Knopf ich drücken muss,
damit der andere abgeht wie ein Zäpfchen.
Muhrat, 17

Ein Transfer in die eigene Gefühlswelt gelingt manchmal bereits durch einfache Fragestellungen. Viele Jugendliche wissen, was es bedeutet, Opfer zu sein. Einige »öffnen sich« in einem Projekt, berichten konkret, wie sie gemobbt werden oder an ihrer früheren Schule Opfer von Gewalt wurden; wieder andere versuchen, ihre Schwachpunkte zu verbergen, denn »*wenn ich reagiere, werde ich noch mehr gehänselt*«.

Betrachten Sie nun die einzelnen Methoden und wählen Sie für ein Projekt die Bausteine, die Sie am besten integrieren können.

1. Gregors Geheimnis

Viele schriftstellerische und filmische Konzepte wollen erreichen, dass Jugendliche sich frühzeitig in geeigneter Form mit einem Thema auseinandersetzen, das sie brennend interessiert und Erwachsene oft erschreckend hilflos erscheinen lässt. Wir können gesellschaftliche Probleme nicht von Jugendlichen fernhalten, sondern müssen ihnen das notwendige Rüstzeug auf dem Weg in die Erwachsenenwelt mitgeben. Nutzlose gegenseitige Schuldzuweisungen zwischen Schule und Elternhaus, Schubladendenken und Wegschauen werden uns keinen Schritt voranbringen, denn auch in unserer Gesellschaft haben es Kinder und Jugendliche nicht immer leicht. Deshalb sollten wir uns näher an die Lebenswelten der jungen Menschen herantasten und sie altersgemäß für schulische Projekte begeistern.
Dieses gelingt erstaunlich gut mit Geschichten, deren Film- und Romanfiguren junge Menschen in ihrer Lebenswelt erreichen. So können Schulen »zwei Fliegen mit einer Klappe schlagen«: Leselust wecken und ein wichtiges Thema im Unterricht bearbeiten. Diese Kombination regt eher zum Nachdenken über das eigene Verhalten an als der erhobene Zeigefinger und die Androhung von Sanktionen. Angelehnt an wahre Begebenheiten und viele Begegnungen mit Jugendlichen habe ich »Gregors Geheimnis« geschrieben.
Im Mittelpunkt steht Gregor von Limbach, der Neue in der Klasse. Gregor wird von seinem Mitschüler Paul gehänselt, während Elena sich in den schüchternen Außenseiter verliebt. Dann geschieht das Unfassbare. Erst nach dem tragischen Ereignis wird bekannt, dass Gregor mehr als nur ein Geheimnis zu verbergen hat.
Die überwiegend auf wahren Begebenheiten basierende Geschichte spiegelt das Leben und die Entwicklung eines 16-jährigen Jungen mit Merkmalen eines »Auffälligen« wider, der sich nichts sehnlicher gewünscht hat als jemanden, der sich um ihn kümmert.

Er ahnte lange Zeit nicht,
wie dicht er vor der Eingangstür
zu seiner eigenen Hölle stand.
Aber er spürte immer deutlicher,
dass sein Scheiterhaufen
aus Angst und Zorn,
aus Hass und Wut,
aus Verzweiflung und Ohnmacht,
aus Schuld und Rache
bereits errichtet wurde.
Er müsste nur angezündet werden.
Mach fertig, was dich fertigmacht!
Bald würde das ewige Feuer lodernd brennen.
Ewig? Wie lange ist ewig?
Ewig kann verdammt lang sein.
Vorwort »Gregors Geheimnis«

Die Story:

In den Osterferien begegnete Andy zum ersten Mal Gregor von Limbach. Gregor wohnte seit einigen Tagen bei seinen Großeltern. »Der Junge hat es nicht leicht«, hatte Opa gesagt und Andy gebeten, sich ein wenig um den Enkel seines Nachbarn zu kümmern. Die Antwort auf Andys Frage, warum Gregor von Limbach es nicht leicht hat, blieb Opa Jakob schuldig.
Warum wohnte Gregor nicht mehr bei seinen Eltern? Warum musste er die Schule wechseln? Andy wollte seinem Opa einen Gefallen tun und besuchte mit ihm den Nachbarn und dessen Enkel. Gregor begrüßte Andy mit einem kurzen Handschlag. Andy hatte das Gefühl, einen toten Fisch in der Hand zu halten. Wenn Andy in den nächsten Tagen etwas gemeinsam mit Gregor unternehmen wollte, entschuldigte sich dieser immer mit einem wichtigen Termin. Aber welcher Termin kann wichtiger sein, als in einer fremden Stadt neue Freunde zu finden, dachte Andy und gab irgendwann auf.
Es überraschte ihn, als die Lehrerin am ersten Schultag nach den Osterferien »den Neuen« begrüßte. Auch im Klassenraum huschte kein Lächeln über Gregors Gesicht. Nicht ein einziges Wort kam über

seine schmalen Lippen. Wortlos ging Gregor mit starrem Blick zu dem ihm zugewiesenen Platz in der letzten Reihe. Sein Blick wanderte weder nach rechts noch nach links in die neugierig auf ihn gerichteten Augen. Normalerweise werden Neue rot, lächeln verlegen, knabbern nervös an den Fingernägeln, wissen nicht, wohin mit ihren Händen, und Elena hatte im letzten Jahr sogar vor Aufregung geheult. Vielleicht wollte Gregor mit diesem arroganten Gehabe etwas verdecken. Dachte wohl, er sei was Besseres, weil ein »von« vor seinem Familiennamen steht. Bestimmt kam er aus einer Adelsfamilie, aber vermutlich aus einer verarmten. Keiner konnte ahnen, dass sich der Name Gregor von Limbach für immer und ewig in ihr Gedächtnis einbrennen wird.

Gregor beteiligte sich selten am Unterricht. In den Pausen lehnte er meist gedankenverloren an der Mauer und suchte keinerlei Kontakt zu seinen Mitschülern. Einige Wochen später wussten sie immer noch nicht, warum Gregor bei seinen Großeltern lebte. Irgendwann hatten sie auch keine Lust mehr, ihn mit Fragen zu löchern. Es war für Gregor bestimmt nicht einfach: in einer fremden Stadt und ohne Eltern. Umso unverständlicher, dass er ein Einzelgänger bleiben wollte. So demonstrativ abweisend, wie der sich benahm, würde er nie neue Freunde finden. Im Gegenteil! Einige nahmen schon eine feindselige Haltung ein, und Paul hänselte den Neuen immer heftiger.

Nur Elena spürte bereits ein Kribbeln, als Gregor das erste Mal den Raum betrat. Der Neue war anders als die Jungs aus ihrer Klasse. Irgendwie schüchtern, aber dennoch cool. Er laberte nicht so einen geistigen Müll wie die meisten in diesem Alter. Gregor wirkte erwachsener, irgendwie reifer und manchmal sogar traurig, als habe er an sein junges Leben nicht nur schöne Erinnerungen. Elena spürte, dass er Probleme hatte. Klar, jeder hat in dem Alter Probleme. Über einige spricht man, aber die schwierigsten behält man für sich. Mit wem soll man auch reden? Elena hätte zu gerne gewusst, was Gregor belastete. Sie hatte sich in ihn verliebt, aber fand nicht den Mut, ihn zu fragen.

Paul hatte Elena schon immer gehänselt und sie jeden Morgen mit »dürre Bohnenstange« und schlimmeren Schimpfwörtern beleidigt. Sie hatte sich nie gewehrt. Als Paul sie wieder hänselte, legte Gregor sich mit Paul an. Elena war unbeschreiblich dankbar. Endlich hatte

einer gewagt, Paul vor allen anderen fertigzumachen, ohne ihn auch nur einmal körperlich zu berühren. Sie wollte Gregor nach der Schule in die Eisdiele einladen, aber er entschuldigte sich wieder mit diesem mysteriösen Termin.
Am gleichen Tag erhielt Gregor die erste SMS von Elena.

DANKE FÜR DEINE WORTE. DU WARST EINFACH TOLL. ICH WÜRDE DICH GERNE TREFFEN – HEUTE NOCH?

Gregor las die Nachricht und fühlte sich unbeschreiblich gut. Noch besser als nach seinem »Termin«. Als er die SMS beantworten wollte, verließ ihn aber der Mut. Erst am nächsten Morgen, dem ersten Ferientag, sandte er Elena eine Nachricht und erhielt auch prompt Antwort.

hast du heute zeit? hab ne süße überraschung

FÜR DICH HABE ICH IMMER ZEIT

können wir uns am brunnen treffen? um drei?

JA GERNE, ICH FREU MICH ☺

Elenas Herz klopfte bis zum Hals, als sie am vereinbarten Treff wartete. Sie verbrachten einen schönen Nachmittag, und beim Blick auf die Uhr stellten beide fest, wie schnell die Zeit vergehen kann, wenn man glücklich ist.
»Ich muss nach Hause. Leider!«, flüsterte Elena und küsste Gregor auf die Nasenspitze. Dann liefen beide Hand in Hand zur Vespa. Gregor startete den Roller. Elena schlang beide Arme um Gregors Oberkörper. Das Lächeln auf Gregor Gesicht konnte Elena nicht sehen. Aber irgendwie spürte sie seinen glücklichen Gesichtsausdruck und hoffte, dass er nie mehr verschwinden würde. Elena lehnte ihren Kopf an seinen Rücken und wünschte sich, er würde mit ihr bis ans Ende dieser Welt fahren, wo immer das sein mochte.

Die zwei passten eigentlich gut zusammen. Beide groß, schlank, fast dünn: Elena und Gregor waren Striche in der Landschaft und hatten *selbst für dieses Alter zu viele Pickel im Gesicht. Man hätte sie für Geschwister halten können. Die anderen nannten das neue Pärchen Mixed Pickels. Elena und Gregor hatten sich gesucht und gefunden. Das sollte doch für die anderen kein Problem sein. Kein Mädchen war verrückt nach Gregor, und kein Junge wollte was von Elena. Insofern lösten sie bei niemandem Gefühle der Eifersucht aus. Warum wurden sie trotzdem immer mehr gehänselt? Warum gönnten die anderen ihnen nicht ihr kleines Glück?*

»Was ist eigentlich mit deinen Eltern?«, fragte Elena beim nächsten Treff in der Eisdiele. Gregor verschluckte sich. Er hatte in dem Moment mit dem Strohhalm einen tiefen Zug aus dem Erdbeermilch-Becher genommen.
»Ich habe keine Eltern!«, antwortete er nach einem Hustenanfall.
Elena legte behutsam ihre Hand auf seinen Unterarm.
»Gregor, jeder Mensch hat Eltern!«
Gregor schluckte und holte tief Luft.
»Sie sind tot!«
Elena erschrak. Sie hatte an Scheidung oder Tod eines Elternteils gedacht. Aber beide tot, das war für sie unvorstellbar. Ihr Vater hatte ihre Mutter auch vor einiger Zeit verlassen, aber sie traf sich regelmäßig mit ihm, konnte ihn zu jeder Tages- und Nachtzeit anrufen. Der Tod war etwas Endgültiges und irgendwie musste sie an den blöden Spruch denken: Wer früher stirbt, ist länger tot.
Wie lange waren Gregors Eltern schon tot? Sie spürte, dass ihre Frage Gregor die Kehle zugeschnürt hatte und er alles, was er vielleicht gerne gesagt hätte, runterschluckte.
»Wenn du es mir nicht sagen kannst, simse mir doch!«, flüsterte sie leise, legte beide Hände um seine Schultern und drückte ihn fest an sich. Sie spürte seine Tränen an ihrer Wange und hatte das Gefühl, dass Gregor noch mehr sagen wollte. Er sprang auf, lief zu seiner Vespa und fuhr los, ohne sich ein einziges Mal umzudrehen.

Elena lag auf dem Bett und starrte an die Decke. Ihre Gedanken drehten sich im Kreis. Sie wusste noch nicht, dass schon bald der Tag kommen würde, an dem sie Gregors Verhalten verstehen lernte. Der Vibrationsalarm ihres Handys meldete sich.

Sie haben eine neue Nachricht
Gregors Nummer. Elena drückte auf den SMS-Eingang.

sind verunglückt

Jetzt würde er sein Geheimnis lüften.

WAS IST PASSIERT?

man hat sie umgebracht

WER?

dad hat mam …

Warum hatte Gregor die letzte SMS nicht weitergeschrieben.

WAS HAT DEIN VATER?

Aber Gregor antwortete nicht mehr. Über Gregors letzten Satz dachte Elena lange nach. Was wollte er schreiben? Dad hat Mam …, retten, beschützen, ihr helfen wollen? War er etwa dabei, als es passierte? Als was passierte? Wie sind Gregor Eltern ums Leben gekommen? Elena spielte alle Möglichkeiten gedanklich durch: Verkehrsunfall: Frontalzusammenstoß mit einem Geisterfahrer auf der Autobahn? Badeunfall: im Meer ertrunken, von einem Haifisch verschlungen, in eine Schiffsschraube geraten? Bahnunglück: ICE aus den Gleisen gesprungen? Flugzeugabsturz: Triebwerke ausgefallen? Terroristischer Anschlag: seit dem 11. September überall auf der ganzen Welt möglich!
Sie war froh, dass er per SMS erzählte, was er nicht in Worte fassen konnte. Elena hatte es seit der ersten Begegnung gefühlt: Gregor war von einem Geheimnis umgeben, das er nicht preisgeben wollte. Oder konnte? Oder durfte?

Obwohl die anderen immer seltener über Pauls verbale Attacken lachten, hatte dieser sich auf ein neues »Opfer« eingeschossen: Gregor.

Gregor war einer körperlichen Auseinandersetzung mit Paul bisher erfolgreich aus dem Weg gegangen. Paul lästerte jedoch immer heftiger über Gregors Aussehen, setzte übelste Gerüchte in Umlauf und beleidigte Gregors Eltern. Alle fragten sich, wie lange Gregor diese »Gemeinheiten« aushalten würde. Keiner war auf die Idee gekommen, für Gregor in irgendeiner Form Partei zu ergreifen. Und Lehrer Grohs nahm Paul immer in Schutz, weil er mit dessen Eltern befreundet war. Von ihm konnte Gregor auch keine Unterstützung erwarten.

Und dann geschah das Unglaubliche.
Bereits am nächsten Tag stand es in allen Zeitungen der Region.

Schüler richtete Waffe auf Lehrer

Versuchtes Attentat an Koblenzer Schule
weckt Erinnerungen an Schulmassaker in Erfurt

Erfurt und Coburg sind mehrere hundert Kilometer von Koblenz entfernt. Dennoch sind diese Schuldramen am Freitagmorgen in einer Koblenzer Schule ganz nah. Es ist 08:20 Uhr, als mitten in der ersten Schulstunde ein Schuss durch das Schulgebäude peitscht. Ein 16-jähriger Schüler der neunten Klasse hat aus Hass auf seinen Lehrer einen perfiden Mordplan gefasst. Mit einer Waffe seines Opas – einem passionierten Jäger – bedrohte der Junge seinen Lehrer. Bei einem Handgemenge löste sich ein Schuss, der den Lehrer in den Oberschenkel traf. Dennoch konnte der Lehrer dem Jungen die Waffe entreißen, nachdem sich Mitschüler auf ihren Klassenkameraden gestürzt hatten, um den Lehrer zu schützen. Über die Motive des Jungen herrschte am Nachmittag noch Rätselraten. Innenminister Karl-Peter Bruch bestätigte lediglich, dass der 357er Revolver aus der Waffensammlung des Großvaters stammt. Unbestätigten Meldungen zufolge lebt der Junge bei den Großeltern. Er hatte schon im letzten Schuljahr Ärger mit diesem Lehrer. Polizeipräsident Horst Eckhardt wies bei der Pressekonferenz darauf hin, dass die deutschlandweit nach dem Schulmassaker von Erfurt eingeführten Krisenpläne sich in diesem Falle bewährt hätten, da der Tatort von der Polizei sofort hermetisch abgeriegelt worden sei, Kriseninterventions-Teams und Notfallseelsorger schnell am Ort des Geschehens eingetroffen seien. Bürgermeister Muscheid atmete auf, als er über den glimpflich verlaufenen Ausgang des Schuldramas unterrichtet wurde. »Stellen Sie bloß klar, dass der Junge kein Koblenzer ist«, wurden die Reporter ermahnt.

Gregor wird nach Vorführung beim Haftrichter in die Justizvollzugsanstalt für Jugendliche eingeliefert. Im Jugendgefängnis schreibt er einen Brief an seinen Opa:

Lieber Opa,
wenn du diese Zeilen liest, werde ich nicht mehr »unter euch weilen«. Das sind die Worte, die du benutzt hast, als Mama gestorben ist. Vater ist für mich gestorben, obwohl er noch lebt. Wenn ich Mama nun wiedersehe, hat sie im Himmel bestimmt mehr Zeit für mich als auf der Erde. Ich hoffe, dass ich in den Himmel komme, obwohl ich mir da nicht so sicher bin. Keiner wird verstehen, warum ich das gemacht habe. Ich kann es mir selbst nicht erklären. Aber das Leben hat für mich keinen Sinn, und dass ich am Mittwochabend einen Menschen getötet habe, ist schlimmer als alles andere.
Sag Elena, dass ich sie immer lieben werde. Elena war die Einzige, bei der ich glücklich war.
Deine Tochter ist gestorben. Sie war dein einziges Kind.
Und Kinder bleiben für ihre Eltern Kinder, egal, wie alt sie werden, hast du damals in tiefer Trauer um Mama gesagt.
Nun hast du auch noch deinen einzigen Enkel verloren, aber du hast ja noch die Oma ...
Verzeih mir
Gregor

Dr. Jos Schnurer (Uni Hildesheim) schreibt zur Erzählung »Gregors Geheimnis« in »Pädagogik heute«: »Ein Familiendrama; Orts- und damit Schulwechsel Gregors; individuelle Loser-Empfindungen und Zuschreibungen durch Mitschüler; erfolgloses Engagement durch eine Lehrkraft; Zuwendung und Liebe durch eine Mitschülerin; fehlende Sensibilisierung der Umgebung für die Wahrnehmung von ›Alarm-Zeichen‹; Schuld; der (unausweichliche?) letzte Schritt. Die dicht an der Realität und nahe an den Menschen geschriebene Story vermittelt den Jugendlichen durch die Schilderungen der verschiedenen positiven und negativen Ereignisse im (neuen) Leben von Gregor ein Gefühl, ›dabei sein zu können‹, ohne jedoch die Antworten auf die verschiedenen Geheimnisse Gregor von Limbachs vorwegzunehmen. Gregor hält den Jugendlichen einen Spiegel vor und lässt den jugendlichen Leser teilhaben an den vielschichtigen Persönlichkeitszügen. Es tauchen unterschiedliche Empfindungen auf im Spannungsfeld von Sympathie und Antipathie für GREG-GOR.

GREG ist der Schüchterne und Ängstliche, der nicht wagt, offen zu reden und sich einsam und verlassen fühlt.

GOR ist der Rächer; vor dem sich alle fürchten und der alle bestrafen wird, die sich nicht um ihn kümmern, ihn nicht aus seiner Einsamkeit erlösen, die Verhinderer seines Glücks, die Zerstörer seiner Zukunft.«

Im Folgenden einige Arbeitsaufträge aus einer Lehrerhandreichung zu »Gregors Geheimnis« mit freundlicher Genehmigung von Elfriede Belleflamme (Pater-Damian-Schule Eupen).

- Notiert Vorausdeutungen, die auf ein schlimmes Ende schließen lassen.
- Legt eine Sammlung von Sprüchen und Redensarten an, die andere beleidigen.
- Definiert laut Wörterbuch: Jugendsprache- Umgangssprache.
- Fertigt zum Thema Pubertät auf einem Plakat ein Cluster an. Berücksichtigt folgende Oberbegriffe: Körper- Gefühle- Eltern- Freunde- Schule- Religion- Freizeit- Geld-Interessenbereiche.
- Wie könnte ein Lehrer sich in einem ähnlichen Fall richtig verhalten? Gebt ihm drei Ratschläge.
- Gibt es Zusammenhänge zwischen Gewalt verherrlichenden Filmen, Killerspielen und aggressiven Jugendlichen?
- Warum laufen Jugendliche Amok?
- Kennt ihr eine ähnliche Geschichte? Wie habt ihr/wie haben andere reagiert?

- Was macht dich fertig? Wie macht er/sie dich fertig? Machst du zur Zeit jemanden fertig? Hast du schon mal einen so richtig fertiggemacht?
- Welche Gründe könnte Paul haben, andere fertigzumachen?
- Wer/was könnte Pauls Verhalten verändern?
- Welche Vorwürfe machen die Eltern oft ihren Kindern? Und die Kinder ihren Eltern?
- Wo überschneiden sich die Vorwürfe? Warum? Lest im Wörterbuch nach: Generationenkonflikt.
- Führt ein Interview mit Eltern/Großeltern über die Geschichte.
- Warum begehen Jugendliche Selbstmord? Sucht Gründe und notiert Wege aus scheinbar ausweglosen Situationen.
- Gregors Persönlichkeit wirkt gespalten. Welche Eigenschaften vermutet ihr bei »Greg« (der innere Gregor) und »Gor« (der äußere Gregor)? Arbeitet mit einer Tabelle.
- Und du? Der/die innere …/der/die äußere …
- Wie geht Gregors Leben weiter? Lasst in einer Tagebuchschrift seine Gedanken, Gefühle im Zusammenhang mit dem Vergangenen, Gegenwärtigen Revue passieren und ihn mehrere Lösungsmöglichkeiten aufzeichnen.
- Schreibt einen ehrlichen Brief an Gregor.
- Sucht aus Zeitschriften Bilder, Fotos und fertigt eine Collage an, in der ihr eine Szene aus der Geschichte darstellt.
- Informiert euch bei der Polizei: Ab wann gilt ein Jugendlicher als kriminell?
- Was fällt unter die Bezeichnung »Jugendkriminalität«?
- Wer betreut die Opfer? Wie?
- Informiert euch bei der Schulleitung: Welche Formen der Gewalt gibt es in der Schule? Welche Strafen/Maßregelungen sind möglich?
- Formuliert fünf kurze Fragen zum Thema Mobbing.
- Befragt alle Schüler/innen eurer Klasse, wertet die Antworten aus und schreibt drei bis fünf schlussfolgernde Sätze.
- Fertigt ein Plakat an, auf dem fünf wertvolle Tipps gegen das Mobben stehen.

2. O-Töne: Wie Schüler Gewalt erleben

Die nachfolgenden Texte wurden von Schülern (im Alter zwischen 14 und 16 Jahren) der Pater-Damian-Schule in Eupen im Rahmen eines Projekts mit ihrer Lehrerin Elfriede Belleflamme geschrieben. Die Briefe wurden zum Elternabend an die Wand geklebt. Die Texte (deren Schreibweise wir im Original gelassen haben) regen zum Nachdenken an und können als Grundlage für eine Diskussion in der Klasse eingesetzt werden.

Die Freude des Lebens finden

Ich konnte nicht mehr, mein Herz war leer.
Keiner fragte: Was ist los? Sie gingen vorbei und schauten bloß.
Warum ich? Das fragte ich mich.
Nach kurzer Überlegung merkte ich scheu, ich war neu.
Sie raubten mir mein Selbstvertrauen,
konnte mich niemanden anvertrauen.
Jeden Tag wurde ich gedemütigt und verspottet,
ich wünschte mir, ich werde gerettet.
Es waren Menschen ohne Herz,
behandelten mich wie einen einzigen Aprilscherz.
Ich hielt es nicht mehr aus,
wollte einfach nur aus dieser Stadt heraus.
Ich schloss mit meinem Leben ab.
Die neue Stadt bekam mir gut,
Ich fand wieder neuen Lebensmut.
Ich startete in die Zukunft,
mit Freude und Vernunft.
In der Ruhe liegt die Kraft,
meine Freude des Lebens ist nun wieder erwacht.
Tanja Kittel

Grenzen

Grenzen können
groß, klein,
kurz, lang,
dick, dünn,
hoch und tief sein.
Doch heißt das nicht,
dass man sie nicht
überwinden kann.
Cedric Nellen

Mobbing

Mobbing ist die gesteigerte Form des Ärgerns.
Doch beim Mobbing kann jemand stark verletzt werden.
Nicht durch körperliche Gewalt, sondern durch Worte.
Sobald jemand mit Worten den empfindlichen Punkt des anderen
getroffen hat, kann er seine Seele stark verletzen.
Und eine verletzte Seele kann man nicht gut heilen.
Sie kann einem ein Leben lang Probleme bereiten.
Cedric Nellen

Rätsel

Es ist überall.
Jeder hat es schon mal gemacht und zu spüren bekommen.
Es ist schlimm.
Ausländer und Flüchtlinge bekommen es am meisten und stärksten
zu spüren. Sie werden zu Außenseitern.
Was ist das?
Nicky Sproten

Die Geschichte eines Ausgegrenzten

... »*Warum lasst ihr mich nicht endlich in Ruhe?*«*, brüllt Thomas durch die ganze Klasse in der Pause von Deutsch auf Geographie, weil seine Mitschüler ihn mal wieder mit Papierstücken beworfen haben und ihn und seine Familie schwer beleidigt haben. Niemand sagt mehr ein Wort. Nur sich nähernde Schritte sind zu hören. Nie zuvor hat Thomas sich gegen die Hetzereien seiner Mitschüler zur Wehr gesetzt. Alle sind schockiert und erstaunt, sogar Clas, der sonst immer irgendeinen Spruch aus dem Ärmel schüttelt, steht jetzt bloß mit weit geöffnetem Mund da.*
Thomas sieht keinen Ausweg und läuft raus aus der Klasse, raus auf den Flur, wo er fast seine Lehrerin, Frau Schulze, überrennt. »Nur weg von hier! Die sollen mich alle in Ruhe lassen!« Dies sind Thomas einzige klare Gedanken. Er sieht keinen Ausweg aus der Situation. Ein langer, dunkler Tunnel, ohne ein Licht, welches den Weg erleuchten könnte.
Als er auf der Toilette ankommt, hört er schon Frau Schulzes Schritte. Als diese bemerkt, dass die Tür zum Jungenklo verschlossen ist, läuft sie zum Erzieher und kommt mit einem großen, rostigen Schlüssel zurück. Thomas, den die junge Lehrerin vergebens auf der Toilette sucht, hat sich längst durch das Fenster raus auf sein Bike geschwungen und in Richtung See in Bewegung gesetzt. Dort angekommen, lässt er sich inmitten des hohen Grases nieder und fängt an, laut zu schluchzen.
»Warum können die mich nicht einfach in Ruhe lassen? Ich hab ihnen doch nie etwas getan!«
Thomas wird nicht etwa wegen seines Aussehens oder seines Verhaltens verspottet, nein, sondern wegen seiner Eltern. Sein Vater, ein großer Unternehmer, der nicht von der Flasche wegkommt, und seine Mutter, die ihren Ehemann herzlos stehen gelassen hat und seitdem wöchentlich mit anderen Männern zu sehen ist.
Er kratzt sich am Arm und zieht sein blaugestreiftes Sweatshirt hoch. Schnittwunden an der Pulsader sind zu erkennen. Schon oft hatte Thomas versucht, sich das Leben zu nehmen, doch irgendjemand hat ihn immer davor bewahrt. Einmal hatte er sich unter der Kellertreppe versteckt, niemand sollte ihn dort finden. Es gab dramatische Folgen,

er lag 6 Tage im Koma, doch bereut hatte er seine Selbstmordversuche nie.
Von hier aus kann er runter auf die Brücke sehen, die quer über den großen See führt.
Er sieht viele Kleinkinder mit ihren jungen Eltern. Sie sehen alle aus, als seien sie einem Bilderbuch entflohen. Auch sind viele alte Pärchen zu sehen, Rentner und Senioren, die ihre letzten Jahre so friedlich wie möglich verbringen wollen. Alle haben sie ein Lächeln auf dem Gesicht. So hatte Thomas seine Eltern nie gesehen.
Früher, als er nachmittags von der Schule kam, musste er sich sein Essen selbst besorgen. Bei den Hausaufgaben war er von Anfang an auf sich selbst gestellt. Wenn sein Vater dann abends nach Hause kam und einen schlechten Tag hatte und wie jeden Tag zu viel Wein zu sich genommen hatte, bekam Thomas öfters Schläge mit, die sonst für seine Mutter gewesen wären, doch die verließ das Haus immer öfters, bis sie eines Tages gar nicht mehr nach Hause kam.
Normalerweise wird sich nach der Trennung eines Ehepaars immer darum gestritten, wer die Kinder behalten darf. Bei Thomas ging es anders zu. Seine Eltern hatten sich Tage lang gestritten, um ihn dem anderen anzudrehen. Er fühlte sich, so weit er zurückdenken kann, in seiner Familie fehl am Platz.
Nach einiger Zeit schläft Thomas ein und wird abends gegen 20.30 Uhr von den Sirenen und dem Blaulicht der Polizei geweckt. Sicherlich hat Frau Schulze sich Sorgen gemacht und sie benachrichtigt. Sein Vater kann es auf keinen Fall gewesen sein. Der ist froh, wenn er den Abend allein verbringen kann. An Frauen hat er zwar schon lang keinen Gefallen mehr, aber dafür immer mehr an seinem Alkohol.
Thomas macht sich auf in den Wald. Er will nicht wieder nach Hause. Nicht wieder zu diesem Säufer.
Er läuft über die Nebenstraße, wo er nur noch ein hupendes Auto hört. Er dreht sich um und spürt Schmerzen wie nie zuvor. Dann wird alles schwarz …
Thomas wird nie wieder den Sonnenaufgang sehen können und verlässt das Leben.
Selbst wenn niemand sich jemals in seinem Leben um ihn gekümmert hat und auch sicherlich niemand mehr jemals für ihn eine Träne

vergießt, so viele schöne Momente gab es doch neben denen, in denen man sich so schlecht, einsam und missverstanden fühlt.
Und deswegen lohnt es sich doch für jeden, ein Leben auf dieser Erde geführt zu haben.
Niemand sollte sich jemals wieder so leichtfertig sein Leben nehmen wollen wie Thomas.
Diesen Text möchte ich allen Verzweifelten, Ausgestoßenen und Einsamen widmen, die keinen Sinn mehr in ihrem Leben sehen und kein Licht finden, das sie durch ihre schweren und dunklen Tage führt.
Rebekka Schwall

Glauben ist der beste Segen der Menschen

Mobbing heißt, dass man andere Menschen ausstößt, weil sie entweder zu dick, zu schlau oder einfach anders sind, was wir nicht akzeptieren können. Aber wir müssen uns mal vorstellen, dass tagtäglich Kinder, Erwachsene oder Schüler durch Mobbing in den Selbstmord getrieben werden. Mobbing fängt aber schon mit Wörtern an, z. B. »Halts Maul!« oder »Verpiss dich!« Diejenigen haben doch keinen Grund so etwas zu sagen, sie sagen es, weil sie sich stark fühlen wollen, beweisen wollen, dass Dicke, Dumme, Streber, Behinderte, Farbige hier nichts verloren haben.

Gemobbte Kinder fühlen sich oft elend, denn sie können oft nichts dafür, oft hilft es dem Gemobbten, dass man mit ihm redet, aber am besten hilft es ihm, einen guten Freund zu haben, so dass man denken kann, hier gibt es einen, der mich akzeptiert, so wie ich bin, egal ob ich behindert, dick oder farbig bin. Gemobbte Kinder haben oft Probleme darüber zu reden, weil sie Angst davor haben, Ärger zu bekommen. Ich wurde selbst einmal gemobbt und ich weiß, wovon ich rede, mein bester Freund hat mir damals geholfen, darüber zu reden und dass ich gerade jetzt stark sein muss, so habe ich durch Verbissenheit und Stärke wieder meine Freunde gewonnen, denn sie haben mich akzeptiert, so wie ich bin.

So schreibe ich, dass man an sich glauben soll, denn es ist noch nichts verloren!!!
Anonymus

Grenzen

Es läutete, und die Masse zog mich mit in das Klassenzimmer. Alles schien wie neu, nichts war, wie ich es gewohnt war, und dann die Blicke: Blicke voller Abscheu; Blicke, die mich abschätzig musterten; Blicke, die zeigten, dass ich nicht dazu gehören werde. Ich wusste, dass es schwer würde, doch ich hatte es mir anders vorgestellt. Papiere, die über mich hinwegflogen, ab und zu traf mich eins, aber ich wollte meinen Mund nicht aufmachen, schließlich war ich der Neue und wollte meinen Mund nicht aufmachen, nicht an meinem ersten Tag. Doch den Blicken nach war es so oder so zu spät. Meine Hautfarbe oder meine Kleider waren Grund genug, mich abzustufen auf etwas, dass kein Lächeln, kein Wort wert war.

Die Tür öffnete sich ein weiteres Mal, und diesmal verstummte die Klasse. Eine stämmige Frau betrat den Raum, die die Schüler unter Kontrolle zu haben schien. Ich merkte an ihrem schmalen Mund direkt, dass mit ihr nicht gut Kirschen essen sei, doch ich fühlte mich sicher vor den Blicken, den Bemerkungen, die seit meiner Ankunft wie Geflüsterfeuer an mein Ohr gedrungen waren. Sie bat mich aus meiner Bank raus und vor die Klasse zu treten. Mein Körper zitterte, jedes Glied bebte vor Angst, falsch anzukommen, etwas Falsches zu sagen, ihnen einen Grund zu geben, mich zu hassen. »Wie ihr seht, haben wir einen Neuen. Möchtest du uns etwas über dich erzählen? Wo du herkommst, wie du heißt?«

Die Worte drangen zu mir vor wie aus einem schlecht eingestellten Radio. Ich öffnete den Mund und erschrak schon beinahe, als nur dieser zittrige Laut aus meinem Mund kam. Ich musste dumm ausgesehen haben, wie ich da stand, denn einige Jungen lachten hinter vorgehaltener Hand.

»Was will der Neger denn hier in dem Jahrgang?! Der soll in den Kindergarten, erst einmal sprechen lernen!«

»Mund halten, Sven!«, sagte die barsche Stimme von Frau Braun. Ein paar Mädchen warfen ihm einen bösen Blick zu, was mich etwas aufmunterte.

»Zeig ihnen, dass du nicht so anders bist. Los! Mach schon!«, sagte eine Stimme in meinem Kopf. »Tschad, mein Name ist Tschad. Ich komme aus Somalia.«

Wieder kicherten ein paar. Meine Aussprache war nicht die Beste. Frau Braun hieß mich Willkommen. Sie wies mich zu einem freien Platz hinten, neben einem nett wirkenden Jungen.
»Er hasst dich eh, weil du anders aussiehst!« Könnte ich nur diese innere Stimme unterdrücken oder überhören.
Frau Braun wandte sich zur Tafel und begann, Zahlen und Zeichen an die Tafel zu malen. Mit zitternden Knien bahnte ich mir den Weg nach hinten. Ellebögen trafen mich in die Seiten, jemand spuckte mir auf die Füße und stellte mir ein Bein. Ich sank auf meinen Platz nieder und schwieg, bis es läutete und die Schule endlich aus war. Ich wollte zurück zu meinen Freunden, in mein Land. Unauffällig, aber erleichtert versuchte ich den Klassenraum zu verlassen und so schnell wie möglich nach Hause zu kommen. Doch ich hatte noch nicht zu Ende gedacht, da flogen meine Sachen auf den Boden, ich stolperte und stürzte zu Boden. Gelächter durchbrach die Stille. Ich wollte weg, weit, weit weg. Ich fühlte mich allein und minderwertig. Knut, der schüchterne Junge, neben den mich Frau Braun gesetzt hatte, sammelte mit flinken Fingern alles zusammen und drückte es mir in die Arme. Ängstlich drehte er sich zu allen Seiten rum und bevor ich ein »Danke« nuscheln konnte, war er verschwunden.
»Du Loser! Willst du dich mit dem Schwarzen anfreunden?! Du Noob, Alter!«
Ein letzter Tritt in die Seite und auch sie waren verschwunden. Ich hielt mir meine schmerzende Seite und schleppte mich nach Hause. Die Frage meiner Mutter, wie es in der Schule gewesen sei, beantwortete ich nur mit einem Achselzucken und verzog mich mit einem Buch in eine Ecke. Allein waren wir jetzt nie. Mit meinen Eltern und meinen 3 kleineren Geschwistern in einem Raum war es sehr schwer, Diskussionen zu vermeiden. Ab und zu zuckten meine Augen über den Rand meines Buches und trafen die mit Tränen gefüllten Augen meiner Mutter. Sie wünschte sich noch viel mehr in ihr altes Leben zurück, als ich es tat. Aber hier interessierte sich niemand dafür, was für eine Religion man hatte und außerdem hätte man in unserer Heimat sowieso nicht überleben können. Die nächsten Tage lief es nicht besser: Mein Vater fand noch immer keine Arbeit, meine Mutter weinte den ganzen Tag, meine Geschwister ... sie waren wahrscheinlich die Einzigen, die sich mit dem neuen Umfeld abfinden

konnten, und ich war für alle unsichtbar und in der Schule lief es wie am ersten Tag. Das ging so weiter, bis zu dem Tag, der mein Leben veränderte. Ich ging zur Schule und wurde wie gewöhnlich von den ›Schlägern‹ empfangen, die knöchelknacksend am Schultor standen. Doch bevor sie sich auf mich stürzen konnten und ihre Fäuste wie Regentropfen auf mich einprasseln lassen konnten, eilte Knut dazwischen und half mir. Gemeinsam schafften wir es, ihren Schlägen zu entkommen. Ich dankte ihm den ganzen Vormittag dafür.

Zum ersten Mal ging ich mit einem Lachen auf den Lippen nach Hause, doch ich war drauf eingestellt, dass meine Mutter mich wieder mit Tränenüberströmten Gesicht empfangen würde, doch auch sie lächelte.

»Dein Vater hat eine Arbeit und wir haben die Aufenthaltsgenehmigung!«

Sie fiel mir um den Hals und fing wieder an zu weinen, doch diesmal waren es Freudentränen. Und falls es euch interessiert, wie mein Leben weitergegangen ist:

Ich werd zwar manchmal noch komisch angeguckt, aber jetzt bin ich nicht mehr allein. Mit Knut an meiner Seite machte alles viel mehr Spaß. Und auch ich hab ein Mädchen kennen gelernt, Katinka. Morgen weiß ich, ob mehr aus uns wird, denn morgen haben wir eine Verabredung. Deshalb werde ich jetzt auch mal schlafen gehen. Ich will ja morgen gut aussehen.

Denise Bergmanns, Yanina Heinen, Cedric Nellen

3. Bin ich Opfer oder Täter? Gewaltbarometer

Die Methode »Gewaltbarometer« ist ein guter Einstieg, um zu erkennen, was Jugendliche einer Klasse als Gewalt empfinden. In diesem Rahmen können sie diskutieren, wie sie in der Klasse/Schule Gewalt erleben und welche Möglichkeiten Jugendliche sehen, einem Opfer zu helfen, ohne gleichzeitig selbst Opfer zu werden.

Vorbereitung: Erstellen der Arbeitsmaterialien
Schreiben Sie auf DIN-A4-Blätter im Querformat verschiedene Situationen aus dem Alltag und ergänzen sie durch eigene Beispiele:
Hans wird von seinem Vater wegen Nichtigkeiten regelmäßig geschlagen.
Oma kommt zu Besuch und knutscht die Enkel ab.
Tom erzählt den Eltern, dass seine Schwester heimlich raucht.
Janina (17) wird auf dem Schulhof ständig von anderen getreten.
Peter hat ein Butterflymesser, eine Würgekette und einen Schlagring in der Schultasche.
Andy sagt zu Tom: »Gib mir fünf Euro oder ich hau dir eine rein!«
Ein Fußballspieler foult einen Spieler der gegnerischen Mannschaft.
Der Lehrer schreibt an die Tafel: »Tina wird sitzen bleiben, weil sie zu faul ist.«
Ein Polizist trägt an seinem Gürtel einen Schlagstock.
Daniel wird von seinen Klassenkameraden wie Luft behandelt.
Deine Eltern sagen: »Von dir haben wir sowieso nichts anderes erwartet!«
Eine Mutter reißt ihr Kind vor einem heranfahrenden LKW weg und tut ihm sehr weh.
Ein Jugendlicher will gerade den Fahrradreifen eines Mitschülers aufstechen.
Zwei Jugendliche sprayen in der Unterführung Graffiti.
Ein Fußballfan beschimpft gegnerische Fans.
Ein Skater fährt mit 30 km/h in der Fußgängerzone.
Ein Metzger schlachtet ein Schwein.

Ein Vater gibt seinem Kind wegen schlechten Benehmens einen Klaps.
Ein Autofahrer rast mit 260 km/h auf der Autobahn.
Dennis rempelt Tobias nach der großen Pause im Treppenhaus an.
Lilly hat ihr Meerschweinchen seit 3 Tagen nicht mehr gefüttert.
Hannah muss im Haushalt mehr helfen als ihr Bruder.
Tatjana wird voreilig von drei Mitschülerinnen beschuldigt, aus der Schultasche einer Mitschülerin Geld gestohlen zu haben.
Ein Obdachloser klaut im Supermarkt Lebensmittel.
Jan wird von seiner Clique überredet, ein Sixpac Bier zu kaufen.
Gregor versendet das Nacktbild seiner Ex-Freundin an Mitschüler.
Schüler begrabschen eine Mitschülerin.
Laminieren Sie nun die Blätter und fertigen Sie zwei weitere Blätter an. In roter Farbe (oder schwarz auf rotem Papier) schreiben Sie fett das Wort GEWALT, in grüner Farbe (oder auf grünem Papier) KEINE GEWALT.

Durchführung

Legen Sie das laminierte Blatt GEWALT auf die eine und KEINE GEWALT auf die andere Seite des Klassenraums und verbinden sie die beiden Blätter mit einem Klebeband (Linie).
Geben Sie jeweils zwei Schülern eine Aussage. Nur die beiden sollen zunächst offen darüber diskutieren, wie sie die Aussage bewerten und sich anschließend verständigen, wo das Blatt auf die Linie gelegt wird. Wenn alle Blätter liegen, fordern Sie alle Schüler auf, die Blätter auf der Skala zu verschieben, wenn sie der Meinung sind, dass es mehr bzw. weniger Gewalt ist und ihre Argumente zu nennen. Auf diese Art wird das Barometer ständig verändert. Die Schüler werden über die unterschiedlichen Einschätzungen diskutieren. Diese Methode fördert auf spielerische Weise die Auseinandersetzung der Gruppe mit dem Begriff Gewalt.

**Die Selbstbefragung:
Was brauche ich, um nicht gewalttätig zu werden?**

Jugendliche teilen ein DIN-A4-Blatt (im Querformat) in 2 Spalten auf. Zunächst sollen sie die o. a. Frage in der linken Spalte beantworten (ohne zu wissen, was sie später in die rechte Spalte schreiben sollen).
Jugendliche schreiben oft: Jemand, dem ich trauen kann, mit dem ich reden kann, der sich um mich kümmert, einen guten Job, echte Freunde, einen Arbeitsplatz, eine Freundin usw.
Die meisten füllen die Spalte komplett aus.
Sie können in der Klasse die Antworten diskutieren und anschließend den zweiten Arbeitsauftrag erteilen, indem Sie die Schüler bitten, sich die Frage

Bei wem oder wo finde ich das?

in der rechten Spalte selbst zu beantworten.
Sie werden überrascht sein, wie viele Spalten auf der rechten Seite »leer bleiben«, denn Jugendliche kennen in einer schwierigen Phase ihres Lebens oft keine einzige erwachsene Person ihres Vertrauens, der sie sich anvertrauen können, wenn sie »mal Mist gebaut haben«.

Wie erlebst du Gewalt an deiner Schule/in deiner Clique?

Um etwas körperliche aber auch gefühlsmäßige Bewegung zu erreichen eignet sich folgende Methode. Bilden Sie einen Stuhlkreis (sollte eigentlich immer gebildet werden) und fordern die Schüler auf:
Gehe bitte einen Schritt vor, wenn

- du dich schon einmal geprügelt hast
- du zuschlägst, wenn Freunde von dir bedroht werden
- du zuschlägst, wenn du selbst beleidigt wirst
- du manchmal bewaffnet bist
- du zuschlägst, wenn jemand deine Familie beleidigt

- wenn du schon mal mitgemacht hast, wenn andere einen fertiggemacht haben
- wenn du schon einmal zugeschlagen hast, weil du der Meinung warst, die Clique erwartet das
- du andere schon mal beschimpft hast
- du Sachen und Gegenstände von anderen zerstört hast
- du glaubst, dass andere Angst vor dir haben
- du Spaß daran hast, andere immer wieder zu hänseln
- du schon andere »abgezogen« hast
- du anderen das Geheimnis des besten Freundes/der besten Freundin verraten hast
- du Gerüchte über andere in die Welt gesetzt hast
- du andere bei seinen/ihren Eltern »angeschmiert« hast
- du einen kennst, der morgens mit Angst in die Schule kommt, weil er jeden Tag gemobbt wird
- du dich in deiner Klasse nicht wohlfühlst
- wenn du schon einmal zugeschlagen hast, als der andere schon verletzt auf dem Boden lag
- du der Meinung bist, Opfer sind selbst schuld

Sie können weitere Fragen aus dem Blickwinkel von Opfern formulieren:

Gehe einen Schritt vor, wenn

- du dich schon mal von anderen bedroht gefühlt hast
- wenn dich Freunde dabei im Stich gelassen haben
- du schon einmal eine Ohrfeige erhalten hast
- schon einmal auf dich eingeschlagen wurde, als du bereits auf dem Boden lagst

Nach jeder Reaktion geben Sie Schülern die Gelegenheit, eine der abgefragten Situationen zu beschreiben. Keiner muss, aber jeder darf. Von einigen Schülern werden Sie mehr erfahren und Situationen im Schulalltag erkennen, die Sie bisher in dieser Form nicht wahrgenommen haben.

4. »Weißt du eigentlich, was ich fühle?«

Ich möchte Ihnen zunächst die wesentlichen Aspekte der »Begegnung mit dem Autor« vorstellen. Je nach Art und Intensität der Vorbereitung in den Klassen orientiere ich mich bei meiner »Lesung« (bei der nicht viel gelesen wird) an den Bedürfnissen der Jugendlichen und arbeite schülerzentriert.
Viele berichten über »eigene Erfahrungen« als Opfer und vergleichen diese Situationen mit Textpassagen aus GREGORS GEHEIMNIS: Die Erfahrungen der Projekte im Klassenverband bestätigen immer wieder, dass wir die »Macht des Wortes« nicht unterschätzen sollten.
Dies gilt sowohl bei verbaler Gewalt unter Jugendlichen als auch bei unseren Möglichkeiten, junge Menschen mit Worten nachdenklich zu stimmen. Die Annäherung an die Gefühlswelt kann ein erster Schritt sein, einen sich anbahnenden Konflikt rechtzeitiger zu erkennen (weil Schüler sich den Lehrern anvertrauen) und die Chance zu ergreifen, durch zeitnahe Reaktion die Spirale der Gewalt zu unterbrechen.

Von den Schülerinnen und Schülern sollten zur Vorbereitung auf den Projekttag immer Collagen oder Plakate zum Thema Gewalt erstellt werden, mit deren Interpretation wir morgens einsteigen und die als »eye-catcher« am Elternabend präsentiert werden.

Nachfolgend zwei »Ergebnisse« einer 8. Klasse:

beleidigen
doofe Kommentare geben
schlecht denken
Lügen erzählen
Gerüchte verbreiten
mobbing
Vorurteile haben
lästern
auslachen
falsche Rückschlüsse ziehen
ausschließen
absichtlich schubsen

Meine Güte, zieh dir doch mal neue Klamotten an. Wie kann man nur so auf die Straße gehen! Und kein Wunder, dass deine Mama weggegangen ist, so wie du aussiehst!
Mir wäre das peinlich, so in die Schule zu gehen!
Der hat ja 'ne große Nase!
Wie eingebildet man sein kann! Meine Güte!
Der ist ja wohl voll hässlich!
Oh, guck mal seine Kleidung an!!!
Ich habe gehört, dass sein Vater einen Patienten falsch behandelt hat!
mobbing
Mann, hat der fette Beine und hässliche Schuhe!
Boah, hat der hässliche Klamotten!
Igitt! Seine Haare, die sind richtig fettig!!!
Wie der rumläuft! Das geht ja gar nicht!
Oh mein Gott, wie sieht der denn aus! So würde ich ja nie rumlaufen!
Also, an der Stelle deiner Eltern hätte ich dich schon lange ins Heim gegeben!
Der hat ja voll die Segelohren! Der hat voll die dicken Beine! Der ist ja hässlich!

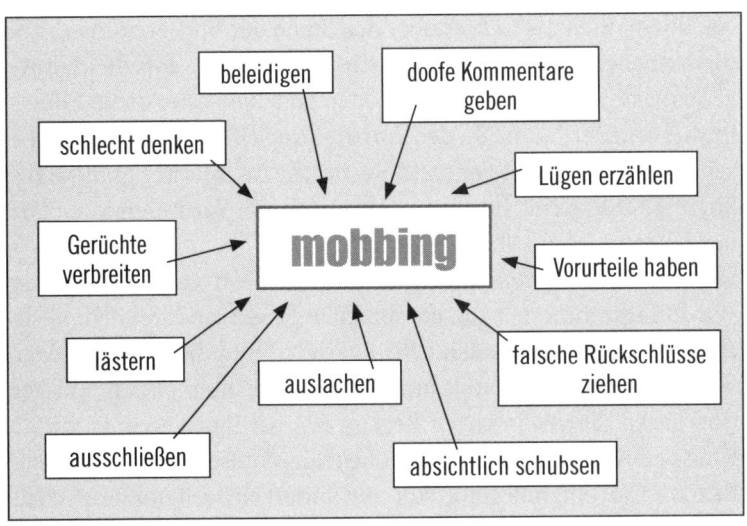

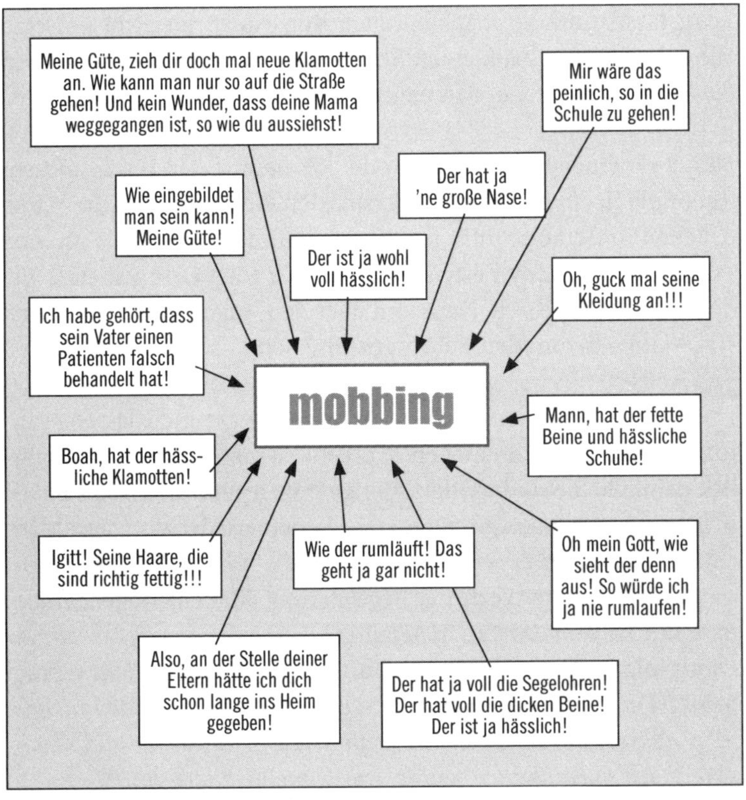

Nachdem mich der Lehrer über den Stand der Vorbereitungen und die aktuelle Situation der Klasse informiert hat, entscheiden wir gemeinsam, ob wir lehrerfreie Zonen einbauen oder nicht. Dies ist immer von der Intensität der Vorbereitung (Buchbesprechung, Lesetagebuch, Plakate, Songtexte, Recherche im Internet, Standbilder, kurze Theaterszene, Interviews etc.) und dem Vertrauensvorschuss der Klasse an den Lehrer abhängig.
Die Klasse bildet nun einen Stuhlkreis und wir vereinbaren einen »Ordnungsrahmen« (z. B. aussprechen lassen, andere nicht auslachen, zuhören, niemanden beleidigen etc.) und die Konsequenzen. Wichtig ist eine frühzeitige und konsequente Intervention. Ein Verstoß gegen die vereinbarten Regeln, den wir ignorieren, ist für die Klasse ein Verhalten, das wir erlauben. Eine konsequente (abgestufte) Reaktion auf einen Regelverstoß verhindert ein weiteres »Aufschaukeln«. Dies kann in Klassen schnell passieren, wenn man »lange Leine lässt« und die angekündigten Konsequenzen nicht umsetzt. Wenn wir bereits bei kleinen Regelverletzungen reagieren, werden die Vereinbarungen in den meisten Fällen auch eingehalten.

Nun zu meiner Einstiegsmethode: Ich nehme den bis zu diesem Zeitpunkt in einem Rucksack versteckten Plüschbären in die Hand, drücke ihn demonstrativ fest an mich und stelle ihn als meinen »Co-Trainer« Teddy Zetty vor. Dieser Bär trägt eine genietete Lederweste, ist in Ohren, Nase und über den Augen gepierct und hat eine Stahlkette um den Bauch geschlungen.

Die Reaktionen darauf sind je nach Altersgruppe und Klassenstruktur unterschiedlich. Manchen »Coolen« ist die Situation offensichtlich peinlich. Sie sind irritiert. Einige fragen ganz offen: »*Sie haben sich wohl in der Altersgruppe geirrt?*« Andere wiederum, meist Mädchen, flüstern hinter vorgehaltener Hand »*Och, ist der süß*«, »*geil*«, »*cool*« oder andere Worte der Begeisterung. Manche fragen: »*Kann man den kaufen? Darf ich den haben?*«
Dann folgen die ersten Beurteilungen, obwohl ich nicht gefragt habe: »*Der will geliebt werden!*«, »*Erwachsene mögen den nicht!*«, »*Der nimmt Drogen!*«, »*Der ist gefährlich!*«, »*Der möchte auffallen!*«, »*Wenn ich so rumlaufen würde, wären meine Eltern sauer!*«

Ich frage die Klasse, ob ich den Teddy im Kreis weiterreichen soll, damit jeder Kontakt mit diesem Plüschbären aufnehmen kann.

»Was hat dieser Teddy mit unserem Thema zu tun? Lass deiner Fantasie freien Lauf. Wenn ihr mir versprecht, dass ihr mit euren Augen – so wie in diesem Moment – bei mir bleibt, werde ich nicht fragen: Was hast du gedacht/gefühlt, als du den Teddy an dich gedrückt hast? Lasst jede(n) mit dem Teddy alleine! Du möchtest sicher auch nicht, dass dich alle anstarren, wenn du den Teddy im Arm hältst. Nimm dein Gefühl mit aus dem Klassenraum und rede mit deiner besten Freundin/deinem besten Freund über deine Fantasien! Vielleicht kannst du dich mit deinen Eltern darüber unterhalten, denn die dürfen den Teddy heute Abend auch in den Arm nehmen.«

Ich bitte die Schüler, den Bären so zu behandeln, wie man selbst gerne behandelt werden möchte. Manche trauen sich nicht, den Teddy in den Arm zu nehmen, werfen den Bär direkt weiter, als würde man sich die Finger an ihm verbrennen. Es fallen starke (Verlegenheits-)Sprüche, einige reißen die Beine des Plüschbären auseinander, um das Geschlecht zu erkennen oder deuten obszöne Bewegungen an. Andere wiederum versetzen ihm einen Fausthieb in die Magengrube oder stechen mit gespreiztem Finger-V zwischen die Augen. Wichtig ist, dass man nach einer solchen Reaktion sofort einsteigt.

»Möchtest du, dass dich jemand so behandelt?«

Manchmal erfolgt ein Zwischenruf »*Das macht der immer so!*« und wir sind mitten im Thema. Da der Teddy erfahrungsgemäß ein »Eisbrecher für verborgene Gefühle« sein kann, würde ich Sie gerne davon überzeugen, sich selbst einen Teddy als »Türöffner« zu basteln. Die Jugendlichen sollen mithilfe dieses Mediums ohne erklärende Worte für die Bedeutung der Beziehungen zwischen Menschen sensibilisiert werden, insbesondere dann, wenn jemand »anders« ist. Kinder brauchen unsere Zuwendung am meisten, wenn sie es am wenigsten »verdient« haben. Der Bär, der (k)ein Bär bleiben wollte, regt die Fantasien der Jugendlichen und Erwachsenen meist mit unterschiedlichen Empfindungen an. Viele Jugendliche bringen (manchmal erst in Einzelgesprächen nach dem Projekt) oft den Mangel an Liebe und Geborgenheit in der Kindheit mit diesem Bären in Verbindung. Manche Schüler sagen spontan, die Eltern würden ihren Kindern ein solches »outfit« verbieten oder seien der Meinung, ein Freund mit einem derartigen Aussehen übe einen schlechten Einfluss auf ihre Kinder aus.

Mithilfe dieses Mediums kann man eine erste Brücke für ein harmonisches Miteinander bauen. Zetty begleitet mich seit seinem ersten Fernsehauftritt in dem Interview mit dem Talkmaster Dr. Wieland Backes (SWR-Nachtcafé) anlässlich der Premiere des TV-Films JENNY und steht inzwischen bei vielen Berichterstattungen im »Rampenlicht«. Der Bär wird von den Printmedien häufiger fotografiert als ich, hat einen Erinnerungswert und scheint in den Köpfen und Herzen der jungen Menschen etwas zu verändern.

Was der Name Zetty bedeutet, sollen die Schüler selbst herausfinden. Zetty steht für die drei Z: »Zeit – Zuwendung – Zärtlichkeit«, die viele aggressive Jugendliche in ihrer Kindheit vermisst haben. Der Bär transportiert Gefühlswelten und erinnert an den Szenespruch »auch Coole brauchen Zärtlichkeit«.

Zetty nimmt nach der Vorstellungsrunde auf einem Stuhl Platz und kann auf Wunsch immer wieder in den Arm genommen werden. Das Medium kann in einer Feedback-Runde auch als »talking-stick« für das Rederecht eingesetzt werden. Nur der Schüler, der den Bären in Händen hält, darf sprechen. Wer schweigen möchte, kann den Teddy kommentarlos weiterreichen. Der »talking-stick« wird so lange herumgereicht, bis keiner mehr von seinem Rederecht Gebrauch machen möchte. Mit dieser Methode kann man ein Durcheinanderreden verhindern und das Zuhören fördern. Wenn ein Schüler sich nicht an die Gesprächsregeln hält, spreche ich den »Störer direkt an: »*Was haben wir vereinbart, wer reden darf?*«
Der Dialog ist vorhersehbar. »*Derjenige, der den Teddy hat!*«, »*Sehr gut. Und wer hat den Teddy im Moment?*«, »*Claudia!*« »*Genau. Und wer hat geredet?*« »*Ich!*« »*Und wer sollte nicht reden?*« »*Ich!*« Während dieses kurzen Gesprächs schaue ich den Schüler freundlich an, und in der Regel lassen die Zwischengespräche nach, denn beim wiederholten Regelverstoß wird mein Ton schärfer, obwohl ich dem Schüler immer noch Wertschätzung vermittele. Sollte nach diesem

kurzen Dialog der Schüler weiter stören, muss man konsequent handeln. Dies ist aber in den seltensten Fällen erforderlich.
Ich erlebe immer wieder, wie wichtig der Gedankenaustausch für Jugendliche ist. Sie diskutieren sehr lebhaft untereinander, und manchmal verstehen sie auch die Haltung der anderen, wenn diese ein bisher unbeachtetes Argument vorbringen.
Wenn Schüler (was selten vorkommt) zunächst nicht möchten, dass der Teddy weitergereicht wird, setze ich ihn auf einen Stuhl oder lege den Plüschbären in die Mitte. Meistens nimmt beim Erreichen einer guten »Betriebstemperatur« eine Schülerin den Teddy auf den Arm und dann möchten auch andere »mit Zetty knuddeln«.
Es ist immer wieder erstaunlich, wie man mit diesem einfachen Medium einen Zugang zu jungen Menschen findet.
Da Eltern im Rahmen der Abendveranstaltung ebenfalls diesen Bär in den Arm nehmen dürfen, ist dies eine gute Methode für den Transfer in die Gefühlswelt der anderen.
Während der Teddy die Runde macht, »schielen« viele Schüler natürlich immer wieder zu denjenigen, die den Teddy im Arm halten. Wie reagiert der Coole in meiner Klasse? Hier sollte man klar aber freundlich an die Absprachen erinnern. Dennoch lässt sich ein gewisses Maß an Unruhe nicht vermeiden.
Ich lege nun ein Flipchartpapier auf den Boden, unterteile es in drei Spalten für die verschiedenen Formen von Gewalt (körperliche und seelische Gewalt, Gewalt gegen Sachen). Die »Überschriften« erarbeiten wir erst danach. Mit den folgenden Fragen können auch Sie arbeiten.

Welche Formen von Gewalt kennt ihr?

Den Eintrag in die richtige Spalte dirigiere ich durch die Abgabe der Eddingstifte in verschiedenen Farben. Dann erarbeiten wir gemeinsam, warum wir die Formen der Gewalt in drei verschiedene Spalten eingetragen haben, und je nach »Betriebstemperatur« berichten Schüler manchmal bereits in dieser Phase, wie sie Gewalt erleben. Meistens muss man aber durch folgende Frage diesen Prozess in Gang bringen:

Wie macht ihr euch fertig?

Die nonverbale Kommunikation spricht oft Bände. Einige antworten mit einem Grinsen oder sagen »Wir sind ganz lieb!« Jungen deuten mehr oder weniger versteckt an, wie man einen körperlich fertigmachen kann. Sie schlagen mit ihrer Faust in die offene Hand, mit Finger-V nach vorne, treten mit dem Fuß, nehmen den Nachbar in den Schwitzkasten oder deuten andere Angriffsmöglichkeiten (Karatetritte) an. Ich frage:

Kann ich jemanden verletzen, ohne ihn zu berühren?

Beim Blick in die Runde nicken die meisten.
Dann stelle ich die nächste Frage:

Wie kann man einen fertigmachen, ohne ihn zu berühren?

Die Schüler antworten unisono »Mit Worten«, »seelisch«, »ausgrenzen« und so weiter. Einige Blicke verraten, wen sie mit einer bestimmten Äußerung meinen. Ich fordere die Klasse nun auf, konkreter zu werden und die Antworten auf das vorbereitete Flipchartpapier zu schreiben.
Die Schüler schreiben in 2-3 Minuten die Antworten auf.

Schade, dass ich keine Noten vergeben darf, denn Jugendliche geben uns die richtigen Antworten. Bei einer guten »Betriebstemperatur« konkretisieren Schüler ihre Aussagen, und manchmal kann man sogar über aktuelle Fälle reden. Jugendliche betonen immer, dass »verbale Gewalt« mehr verletzt als Schläge. Viele werden in dieser Phase nachdenklich, Blicke wechseln untereinander, manche schauen andere an, wenn eine Situation besprochen wird, die Ereignissen in der Klasse ähnelt. Wenn mehrere Blicke sich auf einen Schüler richten, hat man das Opfer bereits erkannt. In den Fällen, in denen Jugendliche betroffen sind, weil sie an die eigenen wunden Punkte denken, ist es anscheinend unerheblich, ob der eigene Schwachpunkt den anderen bekannt ist oder ob man ihn bislang gut verstecken konnte und vielleicht Angst vor Entdeckung hat.

Das ausgefüllte Flipchartpapier bzw. den Plakatkarton (besser, da stabiler) befestige ich an der Wand des Klassenzimmers, denn wir werden immer wieder auf einzelne Aussagen zurückgreifen. Alle weiteren Ergebnisse werden nebeneinander gehängt.

FALLBEISPIEL 6:

Robert
Im Rahmen eines Projektes bedauerten Schüler, dass Robert sich heute Morgen krank gemeldet habe. Auf meine Nachfrage erklärten sie, Robert sei ein »komischer Typ, ein Außenseiter und würde ständig gemobbt. Aber er sei ja selbst schuld. Robert sei immer so arrogant, meine, er wäre etwas Besseres, würde sich immer so anbiedern, suche den Kontakt, indem er die Klassenkameraden in die Eisdiele einlade. Einigen Mitschülern habe er zu Hause bereits demonstriert, wie man einen Amoklauf begehen könne und dabei mit Softairpistolen auf sie geschossen. Das habe richtig wehgetan. Und er habe gesagt: *»Irgendwann zeige ich es allen, was ich so draufhabe!«* Eigentlich hätten sie das nie ernst genommen, denn Robert sei »nur bescheuert«. Aber irgendwie komme er ihnen in letzter Zeit so merkwürdig vor.

Bei der von mir veranlassten Gefährderansprache wurden die Angaben der Schüler bestätigt. Roberts Zimmer war entsprechend dekoriert. Der Junge war in psychotherapeutischer Behandlung, hatte Zugang zu den Schusswaffen seines Großvaters und besaß zahlreiche Killerspiele. Die Eltern fielen aus allen Wolken. »Welcher Junge interessiert sich denn nicht für Waffen« war die einzige Reaktion des Vaters.

Zurück zum Ablauf und weiteren methodischen Schritten.

Schaut noch mal auf das Plakat an der Wand! Wer hat schon einmal auf die bereits beschriebene Art oder auf andere Weise andere fertiggemacht, der steht bitte kurz auf!

In der Regel stehen (fast) alle auf. Wenn ein Schüler sich nicht vom Stuhl erhebt, wird er manchmal von den anderen »angemacht« und sie berichten über aktuelle Vorfälle.

FALLBEISPIEL 7:

Jakob
Auf meine Frage, wer in der Klasse schon einmal einen anderen »fertiggemacht« hat, war Jakob der Einzige, der sich nicht vom Stuhl erhoben hatte. Er wurde daraufhin von einer Mitschülerin »hart angegangen«, indem sie berichtete, dass er doch derjenige sei, der ständig ausraste. Die Klasse bestätigte dies. Der Junge ließ sich nicht auf eine Diskussion ein und schwieg bis zum Schluss.
Jakob blieb auch nach dem Gong auf seinem Stuhl sitzen. Als alle anderen den Klassenraum verlassen hatten, stand er auf, drückte mir einen Zettel in die Hand und lief schnell weg.
Es kann sein, dass der, der immer gemobbt wird, den anderen mobbt, der etwas Schlimmes gemacht hat. Er mobbt ihn immer und immer wieder und der andere hat keine Chance zurückzuschlagen, weil seine Gefühle verletzt wurden.
PS:
Ich schreib das, weil ich es nicht mit bloßen Worten zugeben könnte.

Nun frage ich:

»*Wer wurde schon einmal auf die bereits beschriebene Art oder auf andere Weise von anderen fertiggemacht, der steht bitte kurz auf!*«

Auch bei dieser Frage stehen (fast) alle auf. Wenn ein Schüler sich nicht vom Stuhl erhebt, kann es sein, dass dieser Schüler unter »fertigmachen« trotz unserer Ideensammlung nur schwere körperliche Gewalt unter Jugendlichen versteht. Bei der Nachfrage, ob ihn noch niemand (Eltern und Lehrer inbegriffen) auf irgendeine Art und Weise verletzt hat, erhebt sich meistens auch dieser Schüler. Wenn die Jugendlichen freiwillig über ihre Erfahrungen als Täter und Opfer berichten wollen, sollte man es zulassen. Manchmal kann man Dinge in der Klasse klären.

Die Perspektive der Opfer einnehmen

Ich bitte einen Schüler, mit mir den Platz zu wechseln und sich auf meinen Stuhl zu setzen. »*Warum? Ich hab doch gar nichts gemacht!*« ist eine weitverbreitete Reaktion. Ich bestätige dies mit einem Lächeln (immer besonders wichtig, wenn Schüler gekränkt sind und sich »angegriffen« fühlen!) und frage zunächst den Schüler und dann die Klasse, warum ich den Platz gewechselt habe. Ich erhalte unterschiedliche Antworten, in denen manchmal auch Beleidigungen enthalten sind. Wenn z. B. jemand vermutet, dass der Schüler, der zuvor neben mir saß, stinkt, reagiere ich direkt. Das ist eine Beleidigung. Und niemand hat das Recht, andere zu beleidigen. Aber relativ schnell nähern sich Jugendliche der richtigen Antwort: »*Sie wollten einen anderen Blickwinkel einnehmen!*« Ich bestätige, dass ich symbolisch in die Perspektive des Opfers schlüpfe und fordere die Schüler auf, sich in die Rolle eines gehänselten Schülers zu versetzen.

»*Wie mag sich derjenige fühlen, der auf die zuvor beschriebene Art verletzt und mit seinem Schwachpunkt gehänselt wird. Denkt mal an euren eigenen Schwachpunkt!*«

Wenn Jugendliche sich vorstellen, wie schlecht sie sich fühlen, wenn die anderen sie mit ihrem Schwachpunkt hänseln würden, werden die meisten sehr nachdenklich. Junge Menschen entwickeln ein Gespür dafür, wie sehr sie andere verletzen und werden sich hoffentlich künftig in der Wortwahl mäßigen, zumindest bei denjenigen, denen sie »*eigentlich nicht wehtun wollen*«.

»*Wer keinen Schwachpunkt hat, hebt kurz die Hand!*«

Es kommt selten vor, dass ein »Obercooler« die Hand hebt. Auf Nachfrage erfahren wir aber, dass er/sie nach außen nur den Anschein erweckt, als interessiere ihn/sie das Thema nicht, aber insgeheim würde es ihn/sie verletzen. Am schlimmsten nehmen Jugendliche wahr, wenn die Mutter und die Familie beleidigt werden. Hier einige Originaltöne von Schülern, die sich immer wieder ähneln, wenn wir über die verbale Gewalt diskutieren.

»*Warum hilft keiner dem Opfer? Warum sagt niemand dem Täter, dass seine Sprüche den anderen stark verletzen?*«

Die Schüler geben immer die gleiche Antwort. »*Man hilft dem anderen nicht, weil man Angst hat, selbst Opfer zu werden. Da halte ich mich dann lieber raus. Jeder ist sich selbst der Nächste.*«

Sie können auch fragen, ob sich Jugendliche ihren Eltern anvertrauen könnten, wenn sie *Sch... gebaut haben*. Sind deine Eltern cool? Kennst du coole Eltern? Oder ist der Begriff coole Eltern ein Widerspruch in sich? Wann sind Eltern cool?

Manchmal vertritt ein Schüler die Meinung, Eltern seien cool, wenn sie alles erlauben. In diesen Fällen entsteht meist Unruhe in der Klasse. Die Schüler diskutieren und kommen zu dem Ergebnis, dass dies allenfalls nur für eine kurze Zeit ein gutes Gefühl sei. Die meisten Schüler finden es nicht »cool«, wenn Eltern alles erlauben. Ich greife das Stimmungsbild auf und frage:

»*Was würdest du fühlen/denken, wenn deine Eltern dir wirklich alles erlauben würden?*«

Sie werden sich vielleicht wundern, dass Jugendliche es wagen, vor der Klasse einzugestehen, dass sie traurig sind und nach dieser Äußerung selten ausgelacht werden. Sollte dies dennoch geschehen, muss man sofort reagieren.

Zum besseren Verständnis möchte ich ein Beispiel schildern:
Dirk antwortet auf die Frage: »*Was würdest du empfinden, wenn deine Eltern dir alles erlauben?*« mit »*Ich wäre traurig!*«. Frank reagiert sofort: »*Ach Dickerchen wäre traurig. Geh zur Mama. Heul doch!*« Ich frage Frank nach seinem Gefühl, wenn seine Eltern ihm alles erlauben würden. »*Das wär doch geil. Dann kann ich endlich machen, was ich will!*« Ich hake nach, ob dem wirklich so sei. »*Na, nicht alles erlauben, sondern mehr*«, antwortet Frank. Als ich ihn nach dem Gefühl frage, wird Frank lauter: »*Na, halt ein ›Sch…Gefühl!‹* Ich bitte ihn, dieses »*Sch…Gefühl*« näher zu beschreiben. Frank kommt zu der Erkenntnis, dass »*traurig*« wohl doch das Gefühl treffen könnte.

5. »Ich will, dass du dich für mich interessierst!«

Der »Wunschzettel« für den Elternabend

»Die Zuneigung meiner Eltern
kam immer häufiger aus der Schublade,
in der das Geld lag!«
Jonathan, 18

Die Antworten, Fantasien, Wünsche und Erwartungen werden bei dem Elternabend entweder als ppt-Präsentation (anonym) oder im Original präsentiert. Leider kommen die Eltern, die es am nötigsten hätten, nicht zu der Veranstaltung, beschweren sich aber häufig über Lehrer und »stehen auf der Matte«, wenn es nicht so läuft, wie sie (oder ihre Kinder?) es möchten. Diese Erkenntnis sollte Sie aber nicht davon abhalten, einen Elternabend anzubieten. Da Eltern mehr über Fantasien ihrer Kinder zum Thema »leichte« und »schwere« Gewalt erfahren, ist dieser Baustein ein wichtiger Schritt für eine (noch) bessere Zusammenarbeit zwischen Schule und Elternhaus, wenn gewalttätige Handlungen bekannt werden. Die anwesenden Eltern zeigen Interesse an ihren Kindern und werden mit ihnen über die eine oder andere Aussage reden. Die Arbeitsergebnisse (Collagen, Szenische Darstellung, Songs), aber auch die Wünsche und Fantasien der Jugendlichen den Eltern zu präsentieren, ist daher ein wichtiger Bestandteil für das Gelingen eines Projekts. Viele Jugendliche schreiben im Rahmen des Projekts auch Briefe an ihre Eltern. Hier einige Beispiele:

Liebe Eltern,
wir haben heute den Teddy Zetty kennen gelernt und wünschen uns von euch öfter
Zeit
öfter was Gemeinsames unternehmen oder miteinander reden
Zuwendung
Interesse haben für unsere großen und kleinen Probleme

Zärtlichkeit
Geborgenheit und Zuneigung, auch wenn wir uns mal danebenbenommen haben

Liebe Eltern!
Wir wünschen uns, dass ihr euch mehr für uns und unsere Probleme interessiert und uns zuhört, wenn wir mit euch sprechen wollen.
Wir möchten auch unsere Freunde und Freundinnen mit nach Hause nehmen.
Wir haben das Recht, von euch ernst genommen und respektiert zu werden, auch wenn wir oft nicht gleicher Meinung sind.
Wir wollen nicht immer nur hören, was wir alles nicht tun dürfen oder besser machen sollten, ohne dass ihr überhaupt wisst, warum wir es getan haben.
Erklärt uns, warum wir Dinge unterlassen sollen, die ihr selbst auch tut. Das würde uns vielleicht helfen zu verstehen und zweimal nachzudenken, bevor wir handeln.
Und lobt uns doch mal, nicht bloß für Schulleistungen.
Es gibt im Leben Dinge, die wichtiger sind als Prüfungen und Noten!

6. Was Sie als Eltern tun können

Die 44-seitige Farbbroschüre der Polizei unter dem Titel »**Wege aus der Gewalt**« informiert Eltern und andere Erziehungsverantwortliche über Ursachen und Ausmaß von Gewalt. Im Mittelpunkt der Handreichung stehen Vorbeugungstipps und konkrete Empfehlungen, mit denen Kindern dabei geholfen werden kann, Konflikte friedlich zu lösen. Polizeiliche Unterstützung gibt es außerdem in der Frage, wie Eltern verhindern können, dass ihre »Sprösslinge« selbst Opfer von jungen Gewalttätern werden. Es folgen einige Auszüge aus der für Eltern und Erzieher wichtigen Broschüre. Weitere Informationen finden Sie unter: www.polizei-beratung.de/vorbeugung/jugend.

Was ist Gewalt und wie kommt es dazu?

Es fällt zwar auf, dass in den vergangenen Jahren bei der Polizei immer mehr Gewaltdelikte angezeigt wurden, in die Kinder verwickelt waren – ob als Opfer oder Täter. Eine hohe Dunkelziffer ändert aber nichts an der Tatsache, dass nur wenige junge Menschen wirklich gewaltbereit oder gewaltgefährdet sind. Zu den jugendtypischen Formen der Gewalt zählen Körperverletzung, Bedrohung, Nötigung, Erpressung und Raub, dazu Sachbeschädigung wie Schmierereien, illegale Graffiti oder verkratzte Fensterscheiben. Gewalt von und an jungen Menschen wird vor allem im öffentlichen Raum begangen – also auf Straßen, Wegen und Plätzen, aber auch in öffentlichen Verkehrsmitteln sowie auf dem Schulweg, in der Schule und den Jugendeinrichtungen.

Faktoren, die Gewalt begünstigen

Gewalt im sozialen Nahraum. Studien zeigen: Wer in seiner Kindheit von den Eltern geschlagen oder misshandelt wurde, wird auch selbst häufiger gewalttätig als jemand ohne derartige Erfahrungen.

Die Wohn- und Lebensbedingungen junger Menschen wirken sich immer auch auf die eigene Entwicklung aus. Gerade das Fehlen von Plätzen und Räumen für die Freizeitgestaltung zeigt häufig negative Auswirkungen.
Der Umgang mit Gleichaltrigen ist für die Identitätsentwicklung junger Menschen von großer Bedeutung. Problematisch wird der Zusammenschluss zu Gruppen jedoch dann, wenn aus ihnen heraus Straftaten begangen werden.
Die Medien vermitteln Kindern und Jugendlichen oft den Eindruck, manche Konflikte seien nur durch Gewalt zu lösen. So lernen junge Menschen »schlagkräftige Argumente« als erfolgreiche Handlungsstrategien kennen und machen sich derartiges Verhalten selbst zu eigen – vor allem dann, wenn sie in einem gewaltbetonten Milieu aufwachsen und regelmäßig Medien-Brutalität konsumieren.

Kinder, die sich selbst akzeptieren, müssen sich nicht gewaltsam »beweisen«. Sorgen Sie also durch liebevollen Umgang dafür, dass sich bei Ihrem Kind ein stabiles Selbstwertgefühl ausbilden kann.

- Erziehen Sie Ihr Kind ohne Gewalt. Zeigen Sie ihm friedliche Alternativen der Konfliktlösung auf.
- Kinder brauchen klare Grenzen. Helfen Sie Ihrem Kind, die Verantwortung für eigenes inakzeptables Verhalten zu übernehmen.
- Pflegen Sie bei der Erziehung Kontakt zur Kindertagesstätte oder Schule Ihres Kindes. Sprechen Sie Pädagogen regelmäßig auf seine Situation an.
- Werden Sie hellhörig, wenn Ihr Kind von Gewalttaten erzählt oder gar verletzt nach Hause kommt.
- Helfen Sie Ihrem Kind beim Lösen von Alltagsproblemen wie Lernschwierigkeiten, Isolation oder mangelndem Zuspruch. Fördern Sie seine Stärken.
- Wirken Sie auf eine positive Freizeitgestaltung Ihres Kindes ein.
- Prüfen Sie kritisch Ihr eigenes Konsumverhalten und das Ihrer Kinder.

- Achten Sie auf den Medienkonsum Ihrer Kinder.
- Scheuen Sie sich nicht, eine Erziehungsberatung oder schulpsychologische Dienste in Anspruch zu nehmen. Nutzen Sie die Angebote Ihrer Polizei.
- Studien zeigen: Gewalterfahrung in der Familie, sowohl unmittelbar erlebte Gewalt als Opfer als auch mittelbar wahrgenommene Gewalt zwischen den Elternteilen, führen dazu, dass die betroffenen Kinder als Jugendliche oder junge Erwachsene häufiger gewalttätig sind.
- Kinder haben ein Recht, ohne körperliche oder seelische Gewalt bzw. ohne Misshandlungen aufzuwachsen! Dieses Recht ist gesetzlich verankert (Bürgerliches Gesetzbuch § 1631(2)). Es ist ein Gesetz für Kinder, das deren Recht auf Achtung, Fürsorge sowie körperliche und seelische Unversehrtheit festschreibt. Damit soll das Leitbild einer gewaltfreien Erziehung im Bewusstsein der Gesellschaft verankert werden.

Zielscheiben der Gewalt: Die Opfer

Kinder und Jugendliche werden deutlich häufiger Opfer von Straßenraub und Körperverletzung als Erwachsene. Zugleich wagen sie es aus Angst vor den Tätern oft nicht, sich einer anderen Person anzuvertrauen. Dabei ist die Anzeige bei der Polizei ein wirksamer Schritt, um die Kette aus Bedrohung und Verletzung zu durchbrechen. Das Mitführen eines Messers oder Reizgases »zur Selbstverteidigung« hilft dabei aber nicht – im Gegenteil: Oft beginnt der Konflikt so erst zu eskalieren.

Konkret:

- Trainieren Sie mit Ihrem Kind selbstbewusstes Verhalten.
- Sprechen Sie mit ihm über gefährliche Situationen und Orte.
- Vermitteln Sie Ihrem Kind den sicherheitsbewussten Umgang mit Geld und Wertgegenständen (auch Handy etc).
- Erklären Sie ihm, wie es Aggressionen aus dem Weg gehen kann und sich im Notfall am besten verhält.
- Erinnern Sie Ihr Kind daran, bei Gefahr über Notruf 110 sofort

die Polizei zu alarmieren. Den Vorfall (z. B. in der Schule) zu melden, hat nichts mit Petzen zu tun!
- Reagieren Sie einfühlsam, wenn Ihr Kind Opfer von Gewalt geworden ist! Informieren Sie sich (u. a. bei der Polizei) nach Möglichkeiten professioneller Hilfe!

Karrieren auf der schiefen Bahn: Die Täter

Jungen Menschen, die gewalttätig werden, gilt es, klare Grenzen zu setzen. Gerade von Eltern und Lehrern müssen junge Täter lernen, sich mit den Folgen ihrer Tat auseinanderzusetzen. Kinder (unter 14 Jahren) sind nach dem Gesetz schuldunfähig; doch für Personen- und Sachschäden können sie bereits ab dem vollendeten 7. Lebensjahr haftbar gemacht werden. Jugendliche zwischen 14 und unter 18 Jahren sind nach dem Strafrecht grundsätzlich verantwortlich.

Machen Sie Ihr Kind immun gegen Gewalt:

- Versuchen Sie herauszufinden, was Ihr Kind aggressiv macht.
- Sprechen Sie mit ihm über die Folgen seiner Tat für das Opfer und sich selbst.
- Tolerieren Sie keine Gewalt – auch keine beleidigenden Äußerungen. Fördern Sie bei Ihrem Kind das Verständnis für andere Kulturen.
- Wenden Sie sich beim Verdacht auf eine Straftat nicht von Ihrem Kind ab.
- Prüfen Sie: Braucht Ihr Kind mehr Zuwendung, mehr von Ihrer Zeit, mehr Gelegenheiten, Verantwortung zu übernehmen?
- Informieren Sie sich bei Erziehungsberatungsstellen über Möglichkeiten professioneller Hilfe.

7. »Wer nichts tut, macht mit«

Eine Kampagne gegen das Wegsehen
Deutscher Förderpreis Kriminalprävention 2009

Nach dem Tod des 50-jährigen Dominik Brunner, der in München seinen Mut mit dem Leben bezahlen musste, warf die Aussage einer Zeugin erneut die Frage nach unterlassener Hilfeleistung auf. Es wird den trauernden Hinterbliebenen wenig Trost spenden, dass Brunner posthum das Bundesverdienstkreuz erhalten hat. Die Tatsache, dass die 13-jährige Sarah, eines der vier Kinder, denen Dominik Brunner helfen wollte, mindestens einem Dutzend Passanten zugerufen hat, man möge ihnen helfen und die Leute einfach weitergegangen sind, löste bundesweit eine große Betroffenheit aus. Lediglich auf der anderen Seite des Bahnsteigs, also in sicherer Entfernung, haben einige Passanten »Aufhören« geschrien, als der Haupttäter ausgerastet ist und wie wild auf den bereits am Boden liegenden Brunner eingetreten hat. Nach Auskunft der Münchener Staatsanwaltschaft wurde noch kein Ermittlungsverfahren wegen »unterlassener Hilfeleistung« eingeleitet und ein Vertreter der Opferhilfsorganisation »Weißer Ring« kritisiert: »Es ist ein ganz schlechtes Beispiel für Helfer, wenn man sagt, wir ermitteln erst gar nicht.«
Mit Blick auf die öffentliche Diskussion nach dem gewaltsamen Tod von Dominik Brunner wird sich zeigen, ob dieser tragische Vorfall eine noch zunehmende »Kultur des Wegschauens« zur Folge hat oder ob diese mutige Aktion ein Signal setzen kann, sich gemeinsam gegen Gewalt zu wehren. Es wäre fatal, wenn nach dem Tod von Dominik Brunner noch weniger Menschen Zivilcourage zeigen würden. Gerade dieser Vorfall sollte verdeutlichen, wie wichtig es ist, andere um Unterstützung zu bitten. Nicht nach dem Motto: Kann mir jemand helfen? Wer ist jemand? In diesem Falle niemand, denn alle werden wegschauen. In Notsituationen sollte man Menschen direkt ansprechen. »Sie, mit der roten Jacke!« Vielleicht war das der einzige Fehler, den Dominik Brunner bei seinem couragierten Einsatz begangen hat. Aber das werden wir vermutlich

nie erfahren. Inzwischen wurde bekannt, dass die Staatsanwaltschaft bereits gegen einen der jugendlichen Totschläger ermittelte, weil er zwei Monate zuvor damit gedroht hatte, als Vergeltung für die Verhaftung seines Bruders eine Polizeiwache in die Luft zu sprengen. Vor dem Bundesligaspiel Bayern München gegen den 1. FC Nürnberg am 19. September 2009 wurde eine Schweigeminute eingelegt. Sportler und Schiedsrichter trugen Trauerflor und Bayern-Manager Uli Hoeneß erklärte in einer ergreifenden Ansprache: »Wir verneigen uns vor einem Menschen, der sein Leben gegeben hat, um andere, in dem Fall junge Menschen, zu schützen. Es ist schockierend, dass viele Passanten dieses Drama erlebt und nicht aktiv eingegriffen haben.«

Das Land Rheinland-Pfalz wurde im November mit dem Deutschen Förderpreis Kriminalprävention 2009 ausgezeichnet. Bundesweit wurden Projekte mit Modellcharakter bewertet, die einen systematisch entwickelten Ansatz vorweisen und deren Wirksamkeit nachgewiesen werden kann. Die Kampagne »Wer nichts tut, macht mit« wurde bereits 2000 in Rheinland-Pfalz ins Leben gerufen. Staatssekretär Roger Lewentz vom rheinland-pfälzischen Innenministerium nahm den »Preis für Nachhaltigkeit« stellvertretend für alle Kooperationspartner entgegen. »Wir freuen uns sehr über die Auszeichnung, weil damit das Engagement der Bürgerinnen und Bürger für ein gutes Miteinander gewürdigt wird. Gewaltprävention ist ein Anliegen von uns allen«, unterstrich der Staatssekretär.

Das landesweite Projekt »Wer nichts tut, macht mit« geht zurück auf eine Kampagne der Polizei und des Polizeivereins Hamburg. Grundlage war ein Konzept, das die Hamburger Werbeagentur »Springer & Jacobi« entwickelt hatte.

Die Leitstelle »Kriminalprävention« im rheinland-pfälzischen Innenministerium setzt die Kampagne gegen eine »Kultur des Wegschauens« seit neun Jahren um. Zielsetzung war von Anfang an, jede Bürgerin und jeden Bürger zu informieren, was jeder Einzelne selbst tun kann, wenn er Zeuge eines Notfalls oder einer Straftat wird. Mit Informationsständen und durch das Verteilen von Scheckkarten mit dem Motto der Kampagne auf der Straße, in Bussen und Bahnen kam die Polizei ins Gespräch mit Bürgerinnen und Bürgern

über Themen wie »Zivilcourage und Innere Sicherheit. Besonders positiv wirkte sich die Vielfalt der Umsetzungsmöglichkeiten aus, denn es konnten durch gezielt zugeschnittene Projektmaßnahmen die unterschiedlichsten Zielgruppen erreicht werden.
Erklärtes Ziel des Projekts ist nach Aussage von Helmut Liesenfeld (Leitstelle Kriminalprävention in Mainz), dem zunehmend stärker werdenden Mangel an Hilfs- und Zeugenbereitschaft aktiv und überzeugend entgegenzutreten und weiterhin an Schulen und in anderen Institutionen für Zivilcourage zu werben.

Die Kampagne gibt sechs wichtige Empfehlungen
Zeugen von Gewalt sollten nicht wegsehen oder tatenlos bleiben. Wer schweigt, ermutigt Gewalttäter in ihrem Handeln. Darum sollten nicht nur Erwachsene, sondern auch Kinder und Jugendliche wissen, wie man sich als Zeuge und Helfer verhält:

- Ich helfe, ohne mich selbst in Gefahr zu bringen.
- Ich fordere andere aktiv zur Mithilfe auf.
- Ich beobachte genau und präge mir Täter-Merkmale ein.
- Ich organisiere Hilfe über Notruf 110.
- Ich kümmere mich um Opfer.
- Ich stelle mich als Zeuge zur Verfügung.

Wahrscheinlich würde Ihnen Ihr Kind entgegenhalten, es wolle niemanden »verpetzen«. Stellen Sie klar: Zivilcourage zeigen bedeutet, eine Gewalttat zu verhindern oder bei deren Aufklärung zu helfen. Es gibt nur einen Grund, nicht zu helfen: Wenn man selbst Opfer ist.

> *WURDEN SIE AUCH MIT EINEM MESSER BEDROHT, ODER WARUM KONNTEN SIE NICHT HELFEN?*

Die Initiatoren dieses Projekts sind davon überzeugt, dass man auf diese Art Zivilcourage stärken kann, und Jugendliche (und Erwachsene) lernen, wie sie sich in kritischen Situation helfen können, ohne sich selbst in Gefahr zu begeben.
Dominik Brunner hat eigentlich alles richtig gemacht, und erschreckend ist vielmehr, dass mehr als ein Dutzend Menschen tatenlos zugesehen haben, wie dieser Mann von zwei Jugendlichen am helllichten Tag totgeschlagen wurde.

Die Kampagne will die Bevölkerung informieren und setzt für die persönliche Kommunikation und den Dialog mit dem Bürger bewusst provozierende Botschaften (Plakate, Handzettel) ein, um Neugierde, Nachdenklichkeit und emotionale Reaktionen zu erzeugen.

> *HAT MAN SIE AUCH BRUTAL ÜBERFALLEN, ODER WARUM WÄHLEN SIE NICHT 110?*

Es sollte der Bevölkerung vermittelt werden:
➢ das geht jeden etwas an
➢ das habe ich so ähnlich bereits selbst erlebt
➢ die Situation ist realistisch und könnte im Alltag jeden treffen

Weiterhin wird die Kampagne vor allem durch Moderationen in Schulen fortgesetzt. Die Polizei erhält durch die Veranstaltungen zu »Wer nichts tut, macht mit« die Gelegenheit, sich von einer den Schülern meist unbekannten Seite zu zeigen.

> **HAT MAN DIR AUCH AUFS MAUL GEHAUEN, ODER WARUM KANNST DU NICHT AUSSAGEN?**

Zivilcourage wird im Alltag der Bevölkerung schnell wieder vergessen – sie gerät in den Hintergrund. Viele Menschen fürchten sich noch immer vor aktiver Hilfeleistung, und je mehr Menschen eine solche Situation beobachten, desto mehr fragen sich: »Warum soll gerade ich helfen?«

Jeder Mensch hat immer eine Ausrede, warum gerade er in Notsituationen nicht helfen konnte.
Die Förderung der Bereitschaft aller Bürger, bei Unglücksfällen und Straftaten unter Berücksichtigung der oben genannten sechs Punkte zu helfen und sich als Zeuge zur Verfügung zu stellen, ist Ziel dieser Kampagne.

Für die Eröffnung einer der ersten Kampagnen in Koblenz habe ich folgenden Song getextet, der von einem Musiklehrer komponiert und von Schülern bei allen öffentlichen Veranstaltungen gesungen wurde. Sie können diesen Text nutzen und mit eigener Musik untermalen:

Tu nicht so, als sei nichts geschehn

1. Hey Junge, mit der Baseballkappe, schau nicht einfach weg.
   Du erlebst doch hautnah, was neben dir geschieht.
   Das Blut der alten Frau, vermischt mit Straßendreck.
   Der Typ mit ihrer Tasche, die Richtung, in die er flieht.
   Warum willst du wegschauen, ignorieren, feige kneifen?
   Wer nichts tut, macht mit: wann wirst du das begreifen?

2. Hey Mädchen, mit den blauen Jeans, schau nicht in die Luft.
Der Mann da drüben hat ein Messer an seiner Kehle.
Hörst du nicht seine Stimme, die Hilfe schreit.
Siehst du nicht die Angst und den stillen Schrei seiner Seele.
Warum willst du wegschauen, ignorieren, feige kneifen?
Wer nichts tut, macht mit: wann wirst du das begreifen?

REFRAIN:
Tu nicht so, als wär nichts geschehn, hilf dem Opfer, wähl 110!

ZWISCHENSTÜCK:
Oder hat man dich auch geschlagen?
Hast du einen Stiefel im Gesicht?
Geht es dir auch an den Kragen
Oder spürst du die Angst der Opfer nicht?
Hast gelernt, dich zu verstecken,
damit dir selbst nie was passiert.
Soll das Opfer doch verrecken,
wenn auch kein andrer reagiert.

REFRAIN:
Tu nicht so, als wär nichts geschehn, hilf dem Opfer, wähl 110!

3. Hey Mann, in den besten Jahren, hast du es nicht gesehn,
wie das Kind mit blutiger Nase den Staub der Straße leckt?
Blickst in eine andere Richtung, als sei nichts geschehn,
obwohl die Frau die Kleine vor deinen Augen schlägt.
Warum willst du wegschauen, ignorieren, feige kneifen?
Wer nichts tut, macht mit: wann wirst du das begreifen?

4. Hey, schicke Frau im Cabrio, zieh die Sonnenbrille aus.
Hilf dem Bündel Mensch, das aus dem Auto fliegt.
Sei dir nicht zu fein, Blutflecken gehen wieder raus.
Das Mädchen ist dankbar, wenn Zivilcourage siegt.
Warum willst du wegschauen, ignorieren, feige kneifen?
Wer nichts tut, macht mit: wann wirst du das begreifen?

ZWISCHENSTÜCK:
Du kannst nicht einfach wegsehen, so tun, als wäre das normal,
als wäre nichts geschehen, ist dir das alles denn egal?
Spielt nicht den Helden, gemeinsam haben wir die Macht.
Jeden Notfall kann man melden mit Handy bei Tag und Nacht.
Auch dir kann morgen es geschehn, dass man dich bedroht.
Dann bist du froh, wenn andre sehn, deine Angst und Not.

REFRAIN:
Tu nicht so, als wär nichts geschehn, hilf dem Opfer, wähl 110!

8. Das Anti-Aggressivitäts-Training®

Anti-Gewalttrainer Stefan Werner über seine Methoden bei der Arbeit mit jugendlichen Gewalttätern

Etwa 10 Prozent der Straftäter sind für die Hälfte der Straftaten verantwortlich. Die Wiederholungstäter (Gewalt) bewegen sich in einem Gewaltrausch, der für sie mit Kompetenzen und genauso mit Ängsten besetzt ist. Zur Verhaltensveränderung helfen hier weder empathische Gespräche noch Abschreckung oder Bestrafung. Andere Konzepte müssen ran! Eines davon ist das Anti-Aggressivitäts-Training® (AAT®). Ausgehend von einem optimistischen Menschenbild wird im AAT® die Persönlichkeit gewaltbereiter junger Menschen geachtet und wertgeschätzt bei gleichzeitiger Verurteilung ihrer gewalttätigen Handlungen. In diesem deliktspezifischen sozialen Trainingskurs wird versucht, im Auftrag der Opfer tertiärpräventiv am Täter zu arbeiten, d. h. bereits internalisierte gewalttätige Verhaltensweisen zu ändern. Ziel ist es, weitere Gewalttaten der Klienten zu vermeiden und (re-)sozialisierenden Einfluss auf sie zu nehmen. Im Mainzer AAT® nehmen bspw. sieben Teilnehmer an einem Kurs über einen Zeitraum von drei bis vier Monaten teil (90 Stunden Erziehung und Bildung). Im Mittelpunkt steht dabei die pädagogisch gezielte, provokative und konfrontative Auseinandersetzung der gewalttätig Agierenden mit ihren Taten und mit dem Leid ihrer Opfer. Denn wenn es geschafft wird, die Gewaltverherrlichung der Täter zu erschüttern, ihre Schuldgefühle zu wecken und Mitleid für ihre Opfer zu erzeugen, dann verlieren sie den Spaß an der Gewalt und entwickeln Hemmungen bezüglich der Gewaltausübung. Diese dynamische Streitkultur wird interessanterweise von den Gewaltbereiten größtenteils als Herausforderung angesehen und die Täter sind bereit, sich infrage stellen zu lassen, denn »so intensiv hat bisher kaum jemand mit ihnen geredet«. Die Inhalte des Mainzer Anti-Aggressivitäts-Trainings® sind:

- Gewaltrechtfertigungen/Neutralisierungstechniken aufdecken, Tatkonfrontation, Gefühle zulassen, erlebte Kränkungen und erfahrene Demütigungen sowie Trauer zulassen, Selbst- und Fremdwahrnehmung (biografische und tatbezogene 1:1-Interviews, der »Heiße Stuhl«)
- Opferperspektive/Empathie entwickeln (eigenes Opfererlebnis im Vollkontaktanzug, Opferfilm, Tataufarbeitung aus Opfersicht, Rollstuhlfahren, Besuch der Rechtsmedizin)
- Konfliktlösungsstrategien entwickeln (Erkennen der eigenen Aggressivitätsauslöser und Provokationstests, Kommunikationstechniken, Reden lernen, Gefühle ausdrücken, Körpersprache, Rollenreflexion, Rollenspiele unter Realitätsbezug)
- Kompetenztraining (Rhetoriktraining, Flirttraining, Gesangstraining (Volkslieder), Anti-Blamier-Training, Klettern, Abschlussabend vor Publikum mit Singen, Rede usw.)

Für das AAT® sind fachliche Standards erarbeitet worden. Diese Qualitätsstandards haben sich in langjähriger Arbeit bewährt und durchgesetzt. Bisherige Forschungsergebnisse belegen, dass die Behandlung von veränderungsbereiten Gewalttätern zu einer signifikanten bis höchst signifikanten Verringerung der Erregbarkeit und Erhöhung der Aggressionshemmung führt im Vergleich zu nicht behandelten gewalttätigen Wiederholungstätern (Weidner/Kilb/Kreft 1997). Ebenso wurde durch die KFH Mainz untersucht, dass durch unsere Trainingskurse 2/3 der Teilnehmer nicht mehr durch Gewalt rückfällig wurden.

Die konfrontative Gesprächsform

Die konfrontative Gesprächsform ergänzt andere Gesprächsansätze, wird jedoch nur eingesetzt, falls diese nicht wirken. Wenn Sie das Gefühl haben, dass ihr Klient nach wiederholten Gesprächen weiterhin keine Einsicht in eine Verhaltensveränderung zeigt und andere Menschen dadurch Leid erfahren, dann können Sie auf diese Gesprächsform zurückgreifen. Ist die Einsicht da, braucht nicht mehr konfrontiert zu werden. Zum Verständnis: Konfrontativ bedeutet nicht unbedingt laut und hart, sondern dem Gesprächsteilnehmer mit seiner Wahrheit gegenüberzutreten (Idealselbst ungleich Realselbst). Durch diese nicht lockerlassende, interessierte und emotionale Gesprächsart gelingt es dem Klienten nicht, sich aus dem Gespräch herauszuwinden oder etwas schön zu reden. Es ist keine Diskussion, sondern der Klient muss sich mit dem Gesprächsführer auseinandersetzen, ob er will oder nicht. Somit kommt es auf die Art des Gesprächsleiters an, ob er es schafft, den Klienten in seinen Bann zu ziehen. Das konfrontative Gespräch hat sich bei aggressivem Verhalten inhaltlich folgendermaßen bewährt:

Sachverhalt ansprechen:
Hierbei geht es darum, die immer wieder auftretenden Verhaltensweisen anzusprechen und den Wahrheitsgehalt abzuklären. Dabei sollen keine Fragen gestellt werden, sondern es soll der Gesprächsbedarf eingefordert werden.
»Setz dich bitte hin, wir müssen darüber reden, was gerade vorgefallen ist!«
Hier bitte keine Fragen stellen, sondern die innere Haltung zeigen: Ich bin hier mit etwas nicht einverstanden.

Umgang mit Rechtfertigungen und Ausreden:
Da der Jugendliche versuchen wird, seine Verantwortung abzuwälzen, ist es wichtig, seine Rechtfertigungen nicht zu akzeptieren, sondern auf seinen Anteil des nicht normgerechten Verhaltens hinzuweisen. Beispiel:
»Die anderen waren es auch!« –
»Das ist egal! Ich rede jetzt mit dir, mit den anderen rede ich später.«
»Das war doch nur Spaß!«
»Glaubst du ehrlich, dass der andere es als Spaß empfindet, wenn er so behandelt wird?«

Verantwortungsübernahme abklären:
»Willst du die Verantwortung dafür übernehmen, dass dem anderen wegen deines Schlags ins Gesicht eine stärkere Verletzung droht oder nicht? Willst du?«

Genauso kann ich die Verantwortung mit dem Gesprächsteilnehmer bei verbaler Gewalt, wie z. B. beim Mobbing abklären:
»Möchtest du die Verantwortung tragen, dass wegen dir jemand keine Lust mehr auf Schule hat oder vielleicht Depressionen bekommt? Möchtest du das?«
Oft reagiert der Klient, weil er darauf keine Antwort findet, mit: *»Ist mir doch egal!«*
Das ist ihm aber nicht egal, es ist vielmehr eine Abwehrmaßnahme, die aussagt, dass er sich in die Enge getrieben fühlt. Dann rufe ich den standardisierten Satz ab:
»Wenn dir das egal wäre, was dem anderen passieren könnte, dann wärst du für mich ein riesig zu verachtender Mensch! ...«
Wichtig ist das »wärst« ... Andererseits versuche ich ihm dann gleich wieder eine Brücke ins Gespräch zu bauen, in dem ich ihn frage:
»... oder kann es sein, dass du dir darüber nur noch keine Gedanken gemacht hast?«
Hier lenken die Klienten wieder ins Gespräch ein und meist kann ich dann normal mit ihnen weiterreden.

Opferperspektive klären:
Die Opferperspektive soll einerseits eine persönliche Betroffenheit erzeugen und andererseits die Schadenfolge abklären. Hier versuche ich noch einmal zu klären, was alles hätte passieren können.

Nutzen des Verhaltens klären:
Bei dieser Klärungsperspektive geht es darum, mit dem Gesprächsteilnehmer gemeinsam den Nutzen seines Verhaltens zu erläutern.
»Was möchtest du erreichen, wenn du ihn öfter auslachst? Im Mittelpunkt stehen?«
Da die Bedürfnisse des Jugendlichen, im Mittelpunkt zu stehen, aber seinem Wunsch nach Zuneigung entspricht, muss er merken, dass sein Verhalten gerade nicht der Erfüllung seines Bedürfnisses entspricht. Wenn er merkt, er möchte eigentlich etwas anderes, so ist es auf diese Weise eher möglich, sein Ziel zu erreichen. Dabei müssen wir als Pädagogen ihm Möglichkeiten aufzeigen, wie er

seine Bedürfnisse real befriedigen kann. Besonders hilfreich ist dabei:
»*Wenn ich dich so beleidigen oder dies mit dir machen würde, was würdest du von mir halten? Ehrlich!*«
»*Ehrlich? Ja, eben Arschloch.*«
»*Möchtest du, dass andere auch so über dich denken?*«
Dabei merkt man die Betroffenheit und die Unkenntnis, was andere Menschen von ihnen und von ihrem Verhalten denken. Denn eigentlich wollen sie oft nur im Mittelpunkt stehen und merken nicht, dass andere dies meist als unangenehm empfinden.

Andere Verhaltensweisen für seine Bedürfnisse herausfinden:
Hier geht es darum, gemeinsam nach angemessenen Verhaltensweisen zu suchen, die den wahren Bedürfnissen der Klienten entsprechen.
»*Wenn du im Mittelpunkt stehen möchtest, wie könntest du es auf andere Weise erzielen?*«

Ressourcenaktivierung:
In diesem Gesprächsteil sollen dem Jugendlichen seine Stärken aufgezeigt werden, um die realen Bedürfnisse zu befriedigen.
»*Wie könntest du dir deine Zuwendung erarbeiten, die du eigentlich bekommen möchtest? Anderen Menschen helfen? Dann bekommst du die Aufmerksamkeit und Zuwendung, die du wirklich möchtest. Dann haben die Leute Respekt vor dir und nicht Angst. Dann bist du richtig stolz auf dich. Du hast es selber in der Hand, die Fähigkeiten hast du dazu.*«

Wiedergutmachung:
Hier geht es um eine öffentliche Wiedergutmachungsleistung, damit alle sehen, dass er bestrebt ist, sein Verhalten in Zukunft zu verändern.
»*Wenn du wirklich etwas verändern möchtest, dann zeige, dass du durch eine Wiedergutmachungsleistung wirklich daran interessiert bist, dich zu verändern. Ist das o.k.? Und ich will merken, dass es alle mitbekommen, dass du etwas bereust! Das heißt, ich werde schauen, woran merkt das Opfer es, woran merke ich es*

und woran merken es die anderen, dass du wirklich was gutmachen willst?«
Durch häufigere konfrontative Gespräche verwickeln wir unsere Gesprächspartner immer mehr in die Widersprüche ihrer eigenen Wahrheit. Sie erkennen, dass sie unangemessene Verhaltensweisen ausüben und bekommen gerade durch die ressourcenaktivierende und wertschätzende Gesprächsbeendung die Möglichkeit, Alternativen zu lernen. Hier wird ihnen gespiegelt, dass sie es anders auch können. Diese Gesprächsform zeigt in der Praxis erhöhte Wirksamkeit und bietet sich zur Nutzung bei fest angelegten delinquenten Verhaltensweisen an.

9. LebensKompetenzTraining

Weiterbildung »Gewaltprävention in Gruppen«
mit Karl-Heinz Schreiber

Ich möchte Ihnen als Ergänzung der zuvor beschriebenen Methoden noch einige Erfahrungen einer 6-tägigen Fortbildung weitergeben. In drei Blöcken vermittelte der Anti-Gewalt-Trainer Karl-Heinz Schreiber den Teilnehmern verschiedene Methoden, die Sie auch im schulischen Alltag einsetzen und in Projekte einbauen können. Die **Grundlagen konfrontativpädagogischen Handelns sind:**

- Gewalt und Aggression werden als menschliches Verhalten zur Kenntnis genommen, jedoch nicht akzeptiert.
- Wir setzen Verhaltenseckpunkte und machen deutlich, welche Art von Verhalten erwünscht/nicht erwünscht ist.
- Wir setzen früh Grenzen und intervenieren auch bei scheinbaren Kleinigkeiten.
- Frühzeitige Intervention durch wohlwollende und wertschätzende Konfrontation verhindert Eskalation, denn »*Ein Verhalten, das wir ignorieren, ist ein Verhalten, das wir erlauben*«.

Das bedeutet für unsere Projekte, dass ein »Wegschauen« bei kleinen Grenzverletzungen (zuvor wurde auf den Ordnungsrahmen verwiesen und wir stellten Regeln auf, die alle akzeptiert haben) bereits dazu führen kann, dass »Täter« immer mehr Grenzen überschreiten und andere ermutigen, auch »aus der Rolle zu fallen!« So entwickelt sich eine Eigendynamik, die letztendlich zu einer Eskalation im Rahmen des Projekts führen kann. Daher muss auch in Projekten bei einem Regelverstoß direkt durch wertschätzende Konfrontation (der kürzeste Weg zwischen zwei Menschen ist ein Lächeln) auf das Fehlverhalten hingewiesen werden (»*Du bist in Ordnung, aber dein momentanes Verhalten nicht!*« – siehe auch S. 130f.)

Da aggressive Kinder oft in einem sozialen Umfeld aufgewachsen sind, in dem es an Berechenbarkeit, Zuverlässigkeit und Vorhersehbarkeit sowie einem konsequenten Handeln der Bezugspersonen mangelte, brauchen diese besonders eine klare Orientierung. Die Jugendlichen entwickeln sehr schnell ein Gespür dafür, wem sie »*nicht auf der Nase rumtanzen*« können.

Schreiber sieht aggressive Jungen als Weltmeister im Rechtfertigen und Verharmlosen. Einerseits erwarten sie den Respekt, den sie anderen nicht zollen, glauben oft, dass sie beliebt sind (weil sich niemand traut, ihnen die Stirn zu bieten). Das Opfer ist ihre Tankstelle für das geringe Selbstbewusstsein. Meist fehlt es Ihnen an Empathie, und sie können sich daher nicht in die Rolle des Opfers hineinversetzen.

In Block II der Weiterbildung wurden Möglichkeiten der »Streitschlichtung« thematisiert. Da es inzwischen an fast allen Schulen Programme zur Streitschlichtung gibt, möchte ich an dieser Stelle nicht näher darauf eingehen, aber dennoch aufzeigen, wie wir in einem Projekt einen konkreten Konflikt (Schüler wird gemobbt, ausgegrenzt etc.) mit verschiedenen Fragen ansprechen und vielleicht auch lösen können.

- *Wie glaubst du, fühlt sich der/die ...?*
- *Wie könnte eine Lösung aussehen?*
- *Was würdest du wünschen, was passieren soll?*
- *Wie kann deiner Meinung nach das ... aufhören?*
- *Was willst du tun?*
- *Was soll der andere/die anderen tun?*
- *Was noch?*

In Block III wurde bei der Weiterbildung die konfrontative Gesprächsführung in Rollenspielen eingeübt.

Anhang

1. Begriffserklärungen Jugendsprache

Bordsteinkick
beschreibt eine Gewalttat, bei der das Opfer gezwungen wird, mit Mund bzw. Zähnen in eine feste Stelle – meist den Bordstein – zu beißen. Die Täter treten dann in den Nacken des Opfers. Diese brutale Gewalttat wurde in dem Film »American History X« gezeigt und führte zu einer kontroversen Diskussion über diese Gewaltdarstellung. Einige deutschen Filme wiederholen in Schlüsselszenen ebenfalls den Bordsteinkick.
Am 12. Juli 2002 wurde im brandenburgischen Dorf Potzlow der 16-jährige Marinus Schöberl von drei Jugendlichen getötet. Die Täter betrachteten ihn als »Untermenschen« und als »nicht lebenswert«. Die jugendlichen Neonazis verletzten das Opfer mit einem solchen Tritt – in diesem Fall an einem Schweinetrog; zuvor hatten die Täter ihr Opfer stundenlang gefoltert – unter den Augen von mindestens drei erwachsenen Potzlowern. Nachdem die drei ihr Opfer mehrere Stunden misshandelt, ihm Schnaps eingeflößt, ihn geschlagen und auf ihn uriniert hatten, brachten sie ihn in einen nahe gelegenen Schweinestall. Dort forderten sie Marinus Schöberl auf, in die Kante eines steinernen Schweinetrogs zu beißen und einer der Täter sprang – in Nachstellung eines »Bordstein-Kicks« aus dem Film »American History X« – mit Sicherheitsschuhen auf Schöberls Kopf. Danach warfen die Brüder noch zweimal einen Stein auf den noch atmenden Jungen und versenkten den später leblosen Körper in der Jauchegrube des Stalls. Obwohl es in dem Dorf Zeugen und Mitwisser gab, blieb die Tat monatelang unentdeckt. Erst vier Monate später wurden die Überreste von Marinus Schöberl gefunden. Die Richterin vermutete, dass die Täter durch die Darstellung dieser Gewalttat in dem Film »American History X«

zu ihrem Verbrechen motiviert wurden. Die Ermordung von Marinus Schöberl wurde 2006 unter der Regie von Andres Veiel in »Der Kick« filmisch dargestellt.

Cyper-Bullying
auch *Cyber-Mobbing* oder *Cyber-Stalking*. Unter diesen Begriffen versteht man die Nutzung moderner Kommunikationsmittel (z. B. dem Internet), um anderen Menschen zu schaden. Dabei werden die Opfer durch Bloßstellung im Internet, permanente Belästigung oder durch Verbreitung falscher Behauptungen gemobbt. In letzter Zeit gewann der Begriff vor allem im Zusammenhang mit Schülern, die Videos oder Bilder von Lehrern bearbeiteten und anschließend ins Internet stellten, an Bedeutung. Weitverbreitet ist diese Form des Mobbings auch unter Schülern, die per Handy, Chat, sozialen Netzwerken wie SchülerVZ oder Videoportale wie YouTube oder extra erstellte Internetseiten virtuell belästigt werden. Die Betroffenen leiden daraufhin häufig an psychischen Problemen. Oftmals finden sie keine adäquate Hilfe bei Eltern oder Lehrern, da diesen die Problematik unbekannt ist. In Großbritannien wurde bereits von staatlicher Seite dagegen vorgegangen, auch Südkorea hat bereits ein Gesetz zur Vermeidung von Mobbing im Internet vorgelegt. Ebenso führte der US-Staat Missouri 2008 ein Gesetz gegen Cyber-Mobbing ein. Dort hatte ein Suizidfall eines Teenagers weltweit große Empörung ausgelöst.
Das gezielte sexuelle Belästigen von Kindern und Jugendlichen im Internet wird auch als *Cyber-Grooming* bezeichnet. In der virtuellen Welt wird zunächst das Vertrauen mit dem Ziel ausgenutzt, Straftaten an Minderjährigen wie etwa kinderpornografische Aufnahmen oder sexuellen Missbrauch zu verüben.

Gewalt gegen Lehrer (Bewertung im Internet)
Ein Sonderfall von Cyper-Bullying sind Bewertungsportale, auf denen Schüler und Studenten anonym die Arbeit ihrer Lehrer und Professoren beurteilen können. Die Meinungen zu diesen Foren sind geteilt; während manche sie lediglich als Rückmeldung der Betroffenen empfinden, fühlen sich andere durch die anonyme Kritik gemobbt.

Das OLG Köln stellte fest, dass »eine Bewertung unter den genannten Kriterien durchaus für eine Orientierung von Schülern und Eltern dienlich und zu einer wünschenswerten Kommunikation, Interaktion und erhöhten Transparenz führen kann. Gerade der schulische Bereich und die konkrete berufliche Tätigkeit von Lehrern sind durch Bewertungen gekennzeichnet, sodass es – auch vor dem Hintergrund eines Feedbacks – naheliegt, diese im Rahmen einer Evaluation zurückzugeben. Sie stellen, obwohl in Notenstufen angegeben, eher gegriffene, subjektive Einschätzungen und widerspiegelnde Wertungen dar, die dennoch geeignet sein können, Schülern und Lehrern eine gewisse Orientierung in der Einschätzung der bewerteten Kriterien zu ermöglichen.

Die genannten Foren können die Nutzung des Grundrechts auf Meinungsfreiheit unterstützen, da keine direkten Repressalien zu befürchten sind. Beispielsweise würden wahrscheinlich kurz vor anstehenden Beurteilungen wenige Schüler Unterrichtsmethoden ihres Lehrers als gerade ausreichend oder befriedigend bewerten. Grundrechtlich geregelt ist die Meinungsfreiheit in Art. 5 GG, welche allerdings ihre Schranken in den Vorschriften der allgemeinen Gesetze, den gesetzlichen Bestimmungen zum Schutze der Jugend und in dem Recht der persönlichen Ehre findet. »Steht allerdings nicht eine Diffamierung oder Herabsetzung der Person als Ziel dieser Äußerungen im Vordergrund, sondern vielmehr die Bewertung von Eigenschaften, die sich jedenfalls auch im schulischen Wirkungskreis spiegeln, genießt auch hier die Meinungsfreiheit Vorrang. Dabei ist bei der Diktion und Formulierung der Kriterien auch auf den Sprachgebrauch der Zielgruppe abzustellen. Zudem schützt das Grundrecht der Meinungsfreiheit die Meinungskundgabe unabhängig davon, ob die Äußerung rational oder emotional, begründet oder grundlos ist und ob sie von anderen für nützlich oder schädlich, wertvoll oder wertlos gehalten wird (BVerfG NJW 2001, 3613; BVerfG NJW 1972, 811). Auch eine polemische oder verletzende Formulierung der Aussage entzieht sie nicht dem Schutzbereich des Art. 5 Abs. 1 GG (BVerfG NJW 2001, 2613; BVerfG NJW 2002, 1192, 1193). Vor allem reicht der Schutz des allgemeinen Persönlichkeitsrechts nach Art. 2. Abs. 1 GG nicht so weit, dass er dem Einzelnen einen Anspruch darauf verleiht, in der

Öffentlichkeit nur so dargestellt zu werden, wie er sich selber sieht oder von anderen gesehen werden möchte (BVerfG NJW 1999, 1322, 1323).« (OLG KÖLN, URTEIL VOM 3. JULI 2008)

EMO
In der Jugendsprache ist EMO ein emotionales Mobbingopfer. Ein Mitschüler, der schnell beleidigt wird und bei der geringsten Hänselei sehr emotional reagiert. »Heul doch!« ist manchmal eine Aufforderung, bevor der andere mit seinem Schwachpunkt wieder fertiggemacht wird.
Laut Wikipedia bezeichnet Emo ursprünglich ein Subgenre des Hardcore-Punk, auch Emocore genannt, das sich durch das stärkere Betonen von Gefühlen wie Verzweiflung und Trauer sowie durch die Beschäftigung mit gesellschaftlichen, politischen und zwischenmenschlichen Themen auszeichnet. Ungefähr seit dem Jahr 2000 wird mit Emo auch ein jugendkulturelles Modephänomen bezeichnet, das mit dem gleichnamigen Musikstil nur mittelbar in Verbindung steht.

Gotcha (→ Paintball)
(Kurzform vom englischen Got you! »Erwischt!«) ist ein anderer Name des Teamspiels Paintball, meist auch als Unterkategorie. Eine Softairwaffe (auch Airsoftwaffe) ist eine spezielle Druckluftwaffe, die als Spielgerät für das sportive, taktische Geländespiel Airsoft dient. Es gibt auch Disziplinen im Sportschießen, die mit Softairwaffen durchgeführt werden. Softairwaffen sind oft unter Lizenzen täuschend echt nachgebaute Replikate von echten Schusswaffen und verschießen mittels Federdruck, Gas oder eines elektronisch betriebenen Druckluftsystems Plastikkugeln.

Gothic
Die Gothic-Kultur ist eine vielseitige Subkultur, die ab Anfang der 1980er-Jahre stufenweise aus dem Punk- und New-Wave-Umfeld hervorging und sich aus mehreren Splitterkulturen zusammensetzt. Das Basiselement, das die Entwicklung der Gothic-Kultur ermöglichte, war das Zusammenwirken von Musik (Gothic Rock), Faszination an Themen wie Tod und Vergänglichkeit sowie einer daraus

resultierenden Selbstinszenierung. Wesentlichen Einfluss nahmen hierbei Literatur und Film (»Gothic Fiction«), deren Thematik das Erscheinungsbild der Szene zum Teil maßgeblich prägte.
Die Anhänger der Gothic-Kultur werden länderübergreifend als Goths bezeichnet, obgleich diese Bezeichnung innerhalb der Szene eher selten Anwendung findet, bei vielen Szene-Angehörigen gar auf Ablehnung stößt und häufig hinterfragt wird. Gründe hierfür finden sich im Versuch der Wahrung der eigenen Individualität. Im letzten Jahrzehnt erfuhr die Bezeichnung Gothic eine Zweckentfremdung als Vermarktungsetikett durch die Musikindustrie, aber auch durch die kommerziellen Medien, wodurch sich ein weiterer Grund für die Ablehnung als Szene-Namen entwickelte. So wurden immer häufiger Bands szenefremder Musikkulturen, wie Metal, Mittelalterrock, Neue Deutsche Härte oder Visual Kei, als Gothic vermarktet, während das Zentrum der Gothic-Bewegung schrittweise ins Abseits geriet.

Happy Slapping
(aus dem Engl. »fröhliches Schlagen«). Damit wird ein grundloser Angriff auf meist unbekannte Personen bezeichnet. Jugendliche greifen, oftmals in der Überzahl, willkürlich Passanten an. In allen Fällen nehmen sie die Gewalttaten mit der integrierten Kamera des Handys auf und viele verbreiten diese Videos später im Internet, versenden MMS an Mitschüler oder zeigen die Aufnahme »stolz« anderen Jugendlichen. Teilweise werden Gewaltszenen nur inszeniert, um sie zu filmen und anschließend verbreiten zu können.

Header
Header ist ein englisches Wort mit der Bedeutung Kopf, Kopfdaten, Einleitung, Vorspann. In der Informationstechnik werden Nutzdaten mit ergänzenden Zusatzinformationen – so genannte Metadaten – am Anfang eines Datenblocks häufig als Header bezeichnet. Handelt es sich bei dem Datenblock um eine Datei, so wird der Header auch Dateikopf genannt. Die Zusatzinformationen können verwendet werden, um das Datenformat zu beschreiben oder um weitere Angaben, beispielsweise zum Ursprung der Daten zu machen. In E-Mails werden Kopfzeilen verwendet, um u. a. Absender, Empfänger, Betreff, Datum zu beschreiben.

In dem Fallbeispiel 3 befürchtet Paul, dass der E-Mail-Header ihn als Absender dieser Mail über die Ankündigung eines Amoklaufs verraten könnte.

Jugend(sub)kultur
Als Jugendkultur werden die kulturellen Aktivitäten und Stile von Jugendlichen innerhalb einer gemeinsamen Kulturszene bezeichnet. Der Kern einer Jugendkultur ist die Etablierung einer eigenen Subkultur innerhalb einer bestehenden Kultur der Erwachsenen, die den Heranwachsenden befriedigende Ausdrucksmöglichkeiten für ihr als neu empfundenes Lebensgefühl anbietet. Eine Jugendsubkultur im weitesten Sinne gibt es in jeder neuen Generation, aber nicht jedes Mal wird die Gesamtkultur stilistisch stark von ihr beeinflusst. Aufgrund der Komplexität der Vorgänge innerhalb einer Jugendbewegung und ihrer Interaktion mit bestehenden gesellschaftlichen, politischen aber auch ästhetischen Elementen der Erwachsenenkultur werden die Bedeutung und der Einfluss der Jugendkultur auf eine Gesellschaft oft kontrovers diskutiert.
Die Inhalte einer Jugendkultur stehen meistens dem Mainstream der Erwachsenenwelt oder konkret ihrer Elterngeneration und auch angepasster Peers entgegen oder ironisieren diese.

Metal
Metal präsentiert sich in erster Linie als musikalische Kunstform, welche aber auch Selbstausdruck der dahinter stehenden Subkulturen, ihres Gedankengutes und ihrer Ideale ist. Die Musik allgemein und die einzelnen Unterstile korrelieren mit bestimmten Einstellungen. So zeichnet sich beispielsweise der Gothic Metal musikalisch durch tiefe und langsame, im Allgemeinen melancholisch wirkende Melodien aus, die als musikalischer Ausdruck des von den Anhängern dieser Metalrichtung geteilten Lebensgefühls empfunden werden. Die Splattertexte, Blastbeats, mehrheitlich auf Dissonanz bedachten Kompositionen und Growls des Death Metal entsprechen den Motiven »Zerstörung« und »Gewalt«, durch die eine pessimistische Weltsicht künstlerisch verarbeitet wird. Im Black Metal unterstreichen dissonante Riffrepetitionen die stark verzerrten und sehr schnell gespielten Gitarren sowie die Screams die düsteren Ge-

fühle zumeist kalten Hasses und Hassens, die dort im Mittelpunkt stehen.

Paintball (→ Gotcha)
Paintballs bestehen aus einer weichen Gelatinehülle, welche mit einer Mischung aus Pflanzen- und Lebensmittelfarbe gefüllt ist. Sie ist ungiftig und biologisch abbaubar. Paintballs werden von denselben Maschinen produziert, die auch für Badeperlen oder Vitaminkapseln Verwendung finden. Es ist ein Mannschaftssport, bei dem Gegenspieler mithilfe von Luftdruckwaffen und Farbmunition markiert werden. Markierte Spieler müssen das Spielfeld verlassen.
Der Paintballsport verbreitet sich stetig. In Deutschland gibt es bereits die »Deutsche Paintball Liga« (DPL) und die X-PSL als deutsche Paintball-Sport-Liga.

Snuff-Videos
Neben den »Happy-Slapping«-Videos versenden die Jugendlichen auch Filme und Bilder mit pornografischem Inhalt sowie reale und nachgestellte Demütigungen, Vergewaltigungen, Sodomie-Szenen, brutale Morde und Hinrichtungen. Diese Bilder und Videos werden meist als »Snuff«-Videos bezeichnet (englisch »to snuff out« = jemanden auslöschen). »Snuff«-Videos werden aus dem Internet heruntergeladen und auf Handys geschickt. Ausgetauscht werden die Bilder und Videos per MMS, Bluetooth bzw. Infrarot-Schnittstellen. In England sollen »Castingfirmen« unter dem Vorwand, einen »Horrorfilm« zu drehen, Schauspieler anwerben, die vor laufender Kamera getötet werden.

Tunnelficken
Jugendliche spielen Fußball, allerdings mit einem Tennisball und zwar jeder gegen jeden. Wer »untertunnelt« wird, wenn es also einem Mitspieler gelingt, diesen kleinen Ball zwischen die Beine eines anderen zu schießen, darf er diesem einen Schlag versetzen. Jeder ist davon überzeugt, dass er nicht »untertunnelt« wird, nimmt aber für den Fall der Fälle die Schläge in Kauf.

2. Schülerfragebogen

1. Wie hat Euch das Projekt gefallen?

O sehr gut   O gut   O befriedigend   O überhaupt nicht

2. Gab es für Euch neue Informationen? Wenn Ja, welche?

....

....

3. Wie hat Euch der Teddy Zetty gefallen? (falls eingesetzt!)

O sehr gut   O gut   O überhaupt nicht

Begründung

....

....

4. Haben Eure Eltern am Elternabend teilgenommen? Wenn nicht, warum?

O haben teilgenommen   O haben nicht teilgenommen

Nicht teilgenommen, weil

....

....

**5. Habt Ihr nach dem Projekt mit Euren Eltern
über das Thema gesprochen?**

O ja   O nein

**6. Könnt Ihr besser reagieren,
wenn jemand in der Klasse gemobbt wird?**

O ja   O nein

7. Habt Ihr Interesse an einem weiteren Projekt zum Thema?

O ja   O nein

Wenn ja, zu welchen speziellen Themen?

....

....

3. Betrifft: MICH (Denkzettel für Eltern)

Verwöhne mich nicht. Ich weiß ganz gut, dass ich nicht alles haben sollte, worum ich dich bitte. Ich prüfe dich nur.

Habe keine Angst, konsequent mit mir zu sein. Es ist mir lieber – ich weiß dadurch, woran ich bin.

Wende keine Gewalt bei mir an. Sonst lerne ich, dass es nur auf Gewalt ankommt. Ich lasse mich ohne Gewalt viel bereitwilliger führen.

Sei nicht inkonsequent. Dies verwirrt mich, sodass ich umso mehr versuche, wo ich kann, meinen Willen durchzusetzen.

Mache keine Versprechungen, die du nicht einhalten kannst. Das würde mein Vertrauen in dich erschüttern.

Falle nicht auf meine Herausforderungen herein, wenn ich Dinge sage und tue, nur um dich aufzuregen. Denn sonst werde ich versuchen, noch mehr solcher »Siege« zu erringen.

Reg' dich nicht auf, wenn ich sage: »Ich hasse dich«. Ich meine es nicht so, aber ich möchte, dass es dir leidtut, was du mir angetan hast.

Lasse mich nicht kleiner fühlen, als ich bin.

Tu nichts für mich, was ich selber tun kann, denn sonst bekomme ich das Gefühl, ein Baby zu sein, und ich könnte dich auch weiterhin in meine Dienste stellen.

Sei vorsichtig, dass mein schlechtes Betragen mir nicht eine Menge Aufmerksamkeit einbringt. Dies würde mich nur ermutigen, meine schlechten Angewohnheiten beizubehalten.

Rüge mich nicht in Gegenwart anderer. Es macht auf mich einen viel größeren Eindruck, wenn du ruhig unter vier Augen mit mir sprichst.

Versuche nicht, mein Benehmen noch während der Aufregung mit mir zu besprechen. Aus irgendwelchen Gründen ist mein Gehör zu dieser Zeit nicht sehr gut, und meine Mitarbeit ist sogar noch schlechter. Es ist in Ordnung, das Erforderliche zu unternehmen, aber lass uns erst später darüber reden.

Versuche nicht, mir Predigten zu halten. Du wärst erstaunt, wie gut ich weiß, was Recht und Unrecht ist.

Gib mir nicht das Gefühl, dass meine Fehler Sünden sind. Ich muss lernen, Fehler zu machen, ohne das Gefühl zu haben, dass ich nicht gut bin.

Nörgele nicht. Wenn du es tust, muss ich mich davor schützen, indem ich taub erscheine.

Verlange keine Erklärungen für mein schlechtes Benehmen. Ich weiß wirklich nicht, warum ich es tue.

Stelle meine Ehrlichkeit nicht allzu sehr auf die Probe. Ich bekomme leicht Angst, dass ich dann Lügen erzähle.

Vergiss nicht, dass ich gerne Dinge erprobe. Ich lerne daraus; bitte denke daran.

Schütze mich nicht vor unangenehmen Folgen. Es ist nötig, dass ich aus Erfahrungen lerne.

Beachte meine kleinen Wehwehchen möglichst wenig. Wenn ich zu viel Aufmerksamkeit für sie bekomme, könnte ich lernen, Vorteile in der Krankheit zu suchen.

Weise mich nicht ab, wenn ich ehrliche Fragen an dich richte. Sonst werde ich dich nicht mehr fragen, sondern anderswo Antworten suchen.

Gib nur auf dumme oder bedeutungslose Fragen keine Antwort. Ich möchte nur, dass du dich mit mir beschäftigst.

Glaube nicht, dass es unter deiner Würde ist, dich bei mir zu entschuldigen. Eine ehrliche Entschuldigung gibt mir ein überraschend warmes Gefühl für dich.

Lege es mir nie nahe zu glauben, dass du vollkommen oder unfehlbar bist. Nach diesem Standard zu leben wäre zu viel für mich.

Mach' dir keine Sorgen, wenn du nicht viel Zeit für mich hast. Es kommt darauf an, wie wir die Zeit, die du hast, miteinander verbringen.

Meine Ängstlichkeit darf dich nicht ängstlich machen, denn sonst werde ich noch ängstlicher. Zeige mir Mut.

Vergiss nicht, dass ich ohne viel Verständnis und Ermutigung nicht gedeihen kann. Aber ich glaube, dass ich dir das nicht zu sagen brauche.

Behandle mich genau so, wie du deine Freunde behandelst, dann werde ich auch dein Freund.

Denke daran, dass ich vom Beispiel mehr lerne als von der Kritik.

4. Programm Polizeiliche Kriminalprävention

Aktuelle Medien

»Wege aus der Gewalt – So schützen Sie Ihr Kind«
Broschüre und Flyer zum Thema Gewalt geben Eltern und anderen Interessierten Auskunft über Ursachen und Ausmaß von Gewalt, außerdem konkrete Tipps und Empfehlungen, wie Eltern ihre Kinder bei einer gewaltfreien Konfliktlösung unterstützen können.

»Herausforderung Gewalt«
Leitfaden für Lehrer und Erzieher, der schultypische Situationen behandelt und pädagogisch-didaktisch anwendungsorientierte Lösungsmöglichkeiten aufzeigt. Der Leitfaden enthält auch das von Dan Olweus entwickelte Anti-Bullying-Programm. Mitte 2010 erscheint die überarbeitete Version mit einem Beitrag von Prof. Britta Bannenberg »Besondere Probleme: Drohung mit einem Amoklauf«.

»Abseits«
Das Medienpaket »Abseits« ist für die Arbeit mit Schülerinnen und Schülern entwickelt. Es enthält fünf Kurzfilme mit schultypischen Gewaltszenen (Verbale Aggression, Mobbing, Körperliche Aggression, Sachbeschädigung und Erpressung) und ein Begleitheft für das Lehrpersonal. Seit dem 23.07.2009 enthält das Medienpaket einen Beitrag zur Handygewalt. Den Kurzfilm können Sie unter www.polizei-beratung.de. anschauen.

Alle Broschüren zum Downloaden:
www.polizei-beratung.de

5. Gewaltvideos auf Schülerhandys

Eine Information von ProPK

Zunehmend werden reale Gewalt- und Tötungshandlungen auf Webseiten oder auf Handys von Kindern und Jugendlichen übertragen. In den Videos werden Akte brutaler Körperverletzung und Tötung – von der Vergewaltigung bis hin zur grausamen Hinrichtung dargestellt.
Lehrern und Eltern ist der Umgang der Kinder und Jugendlichen mit solchen Gewaltvideos oft nicht bekannt. Eltern »fallen aus allen Wolken«, wenn sie erkennen, dass auch ihr »liebes Kind« sich diese schrecklichen Bilder anschaut und vielleicht sogar verbreitet.
Über 90 Prozent der 12- bis 19-Jährigen verfügen heute über ein eigenes Handy. Fast drei von fünf Jugendlichen besitzen ein Mobiltelefon mit multimedialen Funktionen, wie z. B. einer integrierten Kamera. Diese neuen Nutzungsmöglichkeiten bieten nicht nur neue Chancen der Kommunikation, sondern bergen in zunehmendem Maße auch Kriminalitätsrisiken. Insbesondere Videoaufzeichnungen von Gewalt- und Tötungshandlungen, so genannte »Snuff«- und »Happy Slapping«-Videos, gelangen immer häufiger aus dem Internet auf Handys von Kindern und Jugendlichen und werden als Multimedianachricht oder so genannte Bluetooth-Übertragung »getauscht« (Bluetooth wird zur kabellosen Datenübertragung zwischen elektronischen Geräten wie z. B. Computern, digitalen Kameras, Mobiltelefonen mit einer maximalen Reichweite von zirka zehn Metern verwendet).
Häufig besteht bei den jugendlichen Nutzern gar kein Unrechtsbewusstsein. Viele Jugendliche ab 14 Jahren wissen nicht, dass sie sich strafbar machen, wenn sie Videos und Bilder mit pornografischen oder Gewalt verherrlichenden Inhalten Personen unter 18 Jahren zugänglich machen.
Neu ist, dass sich die bisher aus dem Internet bekannten Gefährdungen auf die Handys verlagern und damit die Kontrolle der Inhalte beispielsweise für Eltern und Lehrer kaum möglich ist. Hinzu

kommt, dass Eltern und Lehrer oft von der Existenz solcher Videos und Bilder nichts wissen. Hinter diesen Begriffen verbergen sich verschiedene Arten von Gewaltvideos, die sich immer häufiger ihren Weg auf Handys von Schülern bahnen. Jede Sequenz ist meistens schon erschreckend genug – der gesamte Film, der oft nur wenige Sekunden dauert, ist sehr brutal. Dargestellt werden darin Körperverletzungen und Tötungshandlungen oder auch Vergewaltigungen bis hin zu grausamen Hinrichtungen. Das Phänomen verunsichert zunehmend viele Eltern und Pädagogen. Das neue Merkblatt der Polizei informiert darüber und gibt Eltern, Lehrern sowie anderen Erziehungsverantwortlichen wichtige Vorbeugungstipps. Weitere umfassende Informationen gibt es im Internet unter www.polizei-beratung.de. Hier kann auch das Merkblatt heruntergeladen werden.
Die wichtigsten Tipps lauten unter anderem:

- Machen Sie sich mit den Funktionen moderner Handygeräte vertraut – speziell mit der Datenübertragung per Bluetooth- oder Infrarot-Schnittstelle.
- Prüfen Sie, welches Handy für Ihr Kind geeignet ist und welche Funktionen wirklich sinnvoll sind.
- Sprechen Sie mit Ihrem Kind über die sinnvolle Nutzung des Handys und thematisieren Sie mögliche Gefahren und schalten Sie diese zum Beispiel dadurch aus, dass die Bluetooth-Funktion grundsätzlich abgeschaltet und nur bei Bedarf aktiviert wird.
- Vereinbaren Sie unter Einbindung der Eltern- und Schülervertreter klare Regeln über die Nutzung von Handys an Ihrer Schule. Prüfen Sie die Vereinbarkeit dieser Regeln mit dem jeweiligen Schulgesetz Ihres Bundeslandes.
- Sensibilisieren Sie Schülerinnen und Schüler im Rahmen der Medienerziehung über die Auswirkungen und Folgen dargestellter Handynutzung sowie über mögliche Straftatbestände (§ 131 StGB) und die daraus resultierenden Konsequenzen für den Einzelnen.
- Gehen Sie konsequent gegen entsprechende Verstöße gegen die Schul- und Hausordnung vor und wenden Sie ggf. schulrechtliche Maßnahmen an.

- Informieren Sie die Polizei, wenn der Verdacht einer Straftat vorliegt.

Weitere hilfreiche Tipps zum Thema finden Sie im Internet unter www.handywissen.info (für Eltern und Fachkräfte) sowie unter www.handysektor.de (für Jugendliche). Namhafte Mobilfunkunternehmen haben Hotlines eingerichtet, über die Eltern Informationen zur Handynutzung durch Kinder und Jugendliche einholen können.

Warum üben Gewaltdarstellungen im Internet bei vielen Kindern und Jugendlichen eine so starke Faszination aus?
Welche psychischen Auswirkungen hat der Konsum solcher Videos und wie verarbeiten Einzelne die Szenen?
Ist jeder Jugendliche, der sich Gewaltvideos »reinzieht« automatisch ein potenzieller Amokläufer?
Die Auslösefaktoren sind noch weitgehend unerforscht und es ist meist (wie beim Amoklauf) ein ganzes Ursachenbündel, das irgendwann zur Explosion führt. Es gibt Vermutungen, wonach Kinder ab etwa zwölf Jahren Gewaltdarstellungen im Rahmen von Mutproben nutzen. Wer hat den härtesten Film?
Da fast alle Jugendlichen heute ein Handy mit multimedialen Fähigkeiten, z. B. integrierter Kamera besitzen, können solche »Snuff-Videos« rasch zum Massenphänomen werden.
Zuerst sollten Eltern, Lehrer und andere Erziehungsverantwortliche durch ihr eigenes Vorbild und ihr Wissen im Umgang mit den Medien positiv auf die jungen Menschen einwirken.

- Sprechen Sie Ihr Kind seinem Alter gemäß gezielt auf das Thema an und fragen Sie nach, ob es derartiges Video- oder Bildmaterial bereits gesehen hat und was ihr Kind dabei empfand. Sprechen Sie auch mit den Eltern der Freunde Ihres Kindes und/oder den Lehrern über dieses Thema.

- Treffen Sie mit Ihrem Kind klare Abmachungen über erlaubte und nicht erlaubte Funktionen des Handys, sprechen Sie über die sinnvolle Nutzung des Handys und thematisieren Sie mögliche Gefahren. Dies bedeutet, dass Bluetooth nur bei Bedarf aktiviert werden sollte.

Machen Sie Ihrem Kind klar, dass die Weitergabe von Videos mit Gewaltdarstellungen strafrechtliche Konsequenzen nach sich ziehen kann.

6. »Gewalt macht Schule« (Medienprojekt Wuppertal)

Das Medienprojekt Wuppertal ist die größte Videoproduktion für Jugendliche und junge Erwachsene in Deutschland. Die professionell gestalteten und unter Anleitung von Filmemachern produzierten Dokumentationen wurden als Bildungsmittel von Jugendlichen für Jugendliche produziert. Sie zeichnen sich durch eine besonders hohe und authentische inhaltliche Dichte und ästhetische Qualität aus.

Die aktuelle 15-teilige Dokumentationsserie zum Thema »Gewalt an der Schule« behandelt folgende Aspekte: Physische und psychische Gewalt von Schülern untereinander, Gewalt zwischen Lehrern und Schülern (auch sexualisierte Gewalt), Gewaltstrukturen der Schulen selbst.
Gewalt wird anhand authentischer Fallstudien von Jugendlichen verschiedener Schulformen (Hauptschule, Realschule, Gymnasium, Gesamtschule) und beiderlei Geschlechts aus der Täter-, Opfer- und Zuschauersicht reflektiert. Hierbei werden auch die Rollen der Lehrer und Eltern in der Entstehung von Gewaltprozessen mit einbezogen. Jeder Film der Serie wurde von einer anderen Gruppe mit Teilnehmern im Alter von 14 bis 18 Jahren produziert.

Filme:

»Und raus bist du«
Ein Junge wird in seiner Klasse eines Gymnasiums konsequent ausgeschlossen und fertiggemacht. Über Monate spricht keiner mit ihm, bis seine Mutter zum Klassenlehrer geht. Der Bericht des Jungen, seiner Mutter, seines Klassenlehrers und seiner Mitschüler mit einem seltenen Happy End.

»Engelchen flieg«
Mia wird in ihrer Schulklasse gemobbt. Ihr einziger Freund zieht in eine andere Stadt und auch zu Hause streiten ihre Eltern andau-

ernd. In ihrem Unglück schreibt sie einen Abschiedsbrief, als Johannes, der neue Nachbarsjunge, in ihr Leben tritt und die aufkeimende Freundschaft ihr Leben verändert.

»Übergriffe«
Fünf Fälle von gewalttätigen und sexuellen Übergriffen von Lehrern und Lehrerinnen an einer Schule werden von den betroffenen SchülerInnen berichtet.

»Help me if you can«
Als ein Junge von seiner Angebeteten zurückgewiesen wird, wendet er Gewalt an. Andere Mitschülerinnen schauen weg. Eine Inszenierung zur unterlassenen Hilfeleistung.

»Außenseiter«
Drei Mädchen werden an einer Realschule von einer anderen Mädchenclique gemobbt. Der Film beschreibt die Situation aus der Sichtweise der Opfer, der Täterinnen und der Klassenlehrerin.

»Geisterrache«
Ein Junge wird von einer Clique ausgeschlossen. Als er beim Skateboarden verunglückt, weil ihm keiner hilft, folgt die Vision einer Rache. Eine Inszenierung.

»Streitkult«
Ein Video über die Möglichkeiten und Grenzen von Streitschlichtung. StreitschlichterInnen berichten über ihre Ausbildung, ihre Intentionen und ihre Praxis mit ihren Erfolgen und Enttäuschungen. LehrerInnen erzählen über ihre Motivation Streitschlichter auszubilden und über die Akzeptanz im Kollegium.

»Keiner konnte was machen«
Ein Mädchen wird auf dem Schulhof einer Hauptschule von vielen Mitschülerinnen verprügelt. Ein Bericht aus dem Blickwinkel der TäterInnen und der ZuschauerInnen.

»Selber Schuld?«
Eine Gruppe Schülerinnen beschäftigt sich mit dem Thema »Strafen an Schulen«. In einer Hauptschule, einem Gymnasium und einer Realschule werden Lehrer wie Schüler zum Thema interviewt.

»Robin«
Ein Schüler wird an einer Hauptschule jahrelang gemobbt. Unter diesem Druck dreht er eines Tages durch und wehrt sich. Ein auch die Hintergründe analysierender Bericht aus Sicht des Opfers, der Täter und der Zuschauer in der Klasse.

»11.31 Uhr«
»Um 11.31 Uhr hat sie eine Idee. Sie packt etwas in ihre Tasche, verlässt die Wohnung, verlässt ihr Hochhaus, geht durch ihr Viertel, geht zu ihrer Schule. Denn da ist was, was sie tun muss...« Ein Versuch, sich einer ungeheuerlichen Tat zu nähern.

»Cut. Ich kann nicht mehr«
Erzählte und nachinszenierte Berichte von gewalttätigen Übergriffen von Schülern untereinander und von Rassismus und Gewalt von Lehrern.

»Ja normal«
Drei Situationen alltäglicher Gewalt an einer Hauptschule.

»Ekelhaft. Outing an der Schule«
Auf dem Pausenhof einer Schule wurde von einem schwulen und anschließend von einem lesbischen Pärchen eine »Knutscherei« inszeniert. Ein Kamerateam filmte sie dabei, ein zweites Filmteam fing die bösen Reaktionen der SchülerInnen von Beschimpfungen bis direkter Gewalt ein. Dazu erzählen die ProtagonistInnen von ihren eigenen Erfahrungen beim Outing an ihren Schulen.

»Wie tut's die Gewalt?« Eine satirische Eskalation.
Das Video wird mit einem Textheft mit ausführlichem didaktischem Begleitmaterial (Pädagogische Hintergrundinfos zu den

Filmthemen, Lösungsstrategien, Einsatzmethoden, Kopiervorlagen) für den Einsatz in der Schule geliefert.

150 Min, Doppel-DVD, freigegeben ab 12 Jahren,
als DVD oder Video erhältlich
Kaufpreis jeweils 40,– €, Ausleihe 15,– €
Medienprojekt Wuppertal e.V.
Hofaue 59
42103 Wuppertal
Telefon: 0202/5632647
E-Mail: info@medienprojekt-wuppertal.de

7. Literatur und Quellen

Arbeitsstelle Kinder- und Jugendkriminalitätsprävention
www.dji.de/jugendkriminalitaet

Bannenberg, Britta
Amok
Gütersloher Verlagshaus, 2010

Belleflamme, Elfriede
Unterrichtsmaterialien zu
»Gregors Geheimnis«
Kostenlos anfordern bei:
schmitt-kilian@onlinehome.de

Bondü, Rebecca
School Shootings und schwere zielgerichtete Gewalt
Seminar der Konrad-Adenauer-Stiftung, 2009

Bundeskriminalamt
Polizeiliche Kriminalstatistik
www.bka.de

Expertenkreis AMOK
Baden Württemberg
www.baden-wuerttemberg.de/fm7/2028/BERICHT_Expertenkreis_Amok

Kersten, Joachim
Psychologie heute, Dezember 2009

Körner, Jürgen
FAZ vom 29.10.2009 über unterschiedliche Tätertypologien

Kriminologisches Forschungsinstitut Niedersachsen
Jugendliche als Opfer und Täter von Gewalt, 2009

Kriminaldirektion Koblenz K/15
Gewalt unter Kindern und Jugendlichen, 2009

Langmann, Peter
Amok im Kopf –
Warum Schüler töten
Beltz, 2010

Medienprojekt Wuppertal
info@medienprojekt-wuppertal.de

Programm Polizeiliche Kriminalprävention
www.polizei-beratung.de/vorbeugung/jugend

Roberz/Wickenhäuser
Der Riss in der Tafel
Springer, 2007

Scheithauer/Bondü
Amoklauf
Herder, 2008

Schmitt-Kilian, Jörg
Gregors Geheimnis
Fölbach, 2007

Schmitt-Kilian, Jörg
IMPULSE (Konzept zur Sucht- und Gewaltprävention)
www.schmitt-kilian.de

Schreiber, Karl-Heinz
LebensKompetenzTraining
LKTschreiber@t-online.de

Werner, Stefan
Haben Jugendliche Bedürfnisse nach Gewalt?
www.gewaltlos.info

Dank

Zunächst möchte ich allen Lehrerinnen und Lehrern für die engagierte Zusammenarbeit danken, besonders Elfriede Belleflamme von der Pater-Damian-Schule Eupen für die Erstellung der Unterrichtsmaterialien zu »Gregors Geheimnis«. Ich danke allen Jugendlichen, die im Rahmen der Projekte gute Konfliktlösungsmöglichkeiten entwickelt und sich für andere eingesetzt haben. Jugendliche sind »besser als ihr Ruf« und wenn man ihnen mit großer Wertschätzung begegnet, geben sie uns (richtige) Antworten auf unsere Fragen.

Ein Dankeschön auch an Charlie Schreiber und Stefan Werner für die fachliche Unterstützung und Staatssekretär Roger Lewentz für die Genehmigung zur Vorstellung der Kampagne »Wer nichts tut macht mit!«. Bei Helmut Liesenfeld von der Leitstelle Kriminalprävention bedanke ich mich für die Unterstützung bei präventiven Projekten.

Ein herzliches Dankeschön an Helga Brennecke, Ivonne Gerth, Mike Stendel und Karl-Hermann Dittrich für viele Anregungen, und »Aufbauarbeit«.

Ich danke Thomas Schmitz, dass ich ihn erneut für ein gemeinsames Buchprojekt begeistern konnte, und meiner Lektorin Christel Gehrmann für die gute Zusammenarbeit.

Besonders jedoch möchte ich Elfie danken, ohne deren kritische Anmerkungen in der Rohfassung des Manuskripts dieses Buch nicht so gewachsen wäre, wie es nun vor Ihnen liegt.

Jörg Schmitt-Kilian, im Dezember 2009